唯有爱与理解能促进生命的成长。

周建文 著

爱与觉知

为人父母是人生的一场修炼

浙江工商大学出版社
ZHEJIANG GONGSHANG UNIVERSITY PRESS

· 杭州 ·

图书在版编目(CIP)数据

爱与觉知：为人父母是人生的一场修炼 / 周建文著
. — 杭州：浙江工商大学出版社，2021.1
ISBN 978-7-5178-4193-7

Ⅰ. ①爱… Ⅱ. ①周… Ⅲ. ①家庭教育 Ⅳ. ①G78

中国版本图书馆 CIP 数据核字(2020)第 238658 号

爱与觉知——为人父母是人生的一场修炼
AI YU JUEZHI——WEIREN FUMU SHI RENSHENG DE YI CHANG XIULIAN
周建文 著

出 品 人	鲍观明
策划编辑	沈　娴
责任编辑	费一琛　孟令远
封面设计	观止堂_未氓
责任印制	包建辉
出版发行	浙江工商大学出版社
	(杭州市教工路 198 号　邮政编码 310012)
	(E-mail:zjgsupress@163.com)
	(网址:http://www.zjgsupress.com)
	电话:0571 - 88904980,88831806(传真)
排　　版	杭州朝曦图文设计有限公司
印　　刷	浙江海虹彩色印务有限公司
开　　本	880mm×1230mm　1/32
印　　张	10.125
字　　数	218 千
版 印 次	2021 年 1 月第 1 版　2021 年 1 月第 1 次印刷
书　　号	ISBN 978-7-5178-4193-7
定　　价	58.00 元

前 言

　　养育一个孩子长大成人是一项巨大的系统工程,父母需要为之付出许多的时间、金钱、精力和情感。没有一对父母会说自己完全懂得如何养育孩子,也没有谁能够成为完美的父母。每对父母回顾自己养育孩子的历程,总感觉留有许多遗憾,都觉得在许多方面本来可以做得更好。

　　一日为人父母,终身为人父母,没有什么时候能够把这份职责完全卸下。父母都想把自己最好的东西留给孩子,希望孩子能够拥有一个最好的人生。因此,父母总是在不断地寻找最佳的教育理论与技巧。但很多时候,父母面对各种相互矛盾的理论和技巧,会感到迷惘,不知该听从谁的指导。虽然有时觉得某些理论和方法挺好,但自己完全用不上,或者用在自家孩子身上没有效果,为此父母时常感到沮丧和苦恼。

　　父母要明白,所有的理论和技巧都有其合理性的一面,同时也会有局限和不足,而且每对父母、每个孩子和其家庭背景都是不一样的,因此,使用的理论和技巧的有效性上就会千差万别,很难生搬硬套。另外,所有的理论和方法的恰当使用都是建立在父母相应的心理和情感发展水平的基础之上的,需要以父母自身完善的人格做支撑,这样才能收到较好的运用效果。

　　本书所讨论的一些关于养育孩子的观点和看法主要来自三个方面:一是从现当代世界各地的哲学、心理学、教育学、家庭教育等研究和发展的成果中学习、获得的,特别是我自己作为一名心理咨询师从专业训练中学习到的，如精神分析的客体关系理论、自体心理学理论、依恋理论、主体间性理论和家庭系统治疗等等；二是在给很多孩子和家长做心理咨询的过程中，我慢慢体会到的，我发现心理咨询的理论和技巧对父母如何科学地进行家庭教育具有很好的借鉴作用；三是我在养育自己孩子的过程中逐渐觉知的——我觉察到方法和技巧，这并不意味着我都做对了，相反，大部分都是因为我做错了，对孩子产生了负面影响之后，我才慢慢领悟到的，可以说是"痛定思痛"后的结果。虽然我现在懂得的养育孩子的方法和技巧比以前更多，但我还是无法都做到。要在教育孩子的过程中实践书中所阐述的这些"觉知"，需要有敏锐的洞察力和反思能力。父母自身的情感和人格是教育孩子最主要的工具，而一个人情感和人格的成长总是要经历一个逐渐完善的过程，因此，可以说，为人父母就是一场持续一生的修炼。

也许有些家长会认为，我所提出的方法和技巧都是一种理想的状态。那么，我会说，是的。我所描述的就是一种较理想的养育状态和内在的心灵转化技巧，它是我们所有父母共同努力修炼成长的方向和目标。我们每对父母都处在通往理想养育行为之路的某个位置上，而且这个位置会不断变化，有时靠前面一点，有时会后退一大步。也许我们永远都无法按照理想的方式去养育孩子，但最起码，当我们懂得了什么方法可能会更有效、更完善，对孩子的成长帮助会更大一些时，我们就可以向目标行为慢慢地靠拢。好的理论和方法会给正处于养育困境的父母带来希望和鼓励，能够缓解父母的养育压力，让父母在养育孩子的过程中目标变得更加明晰，而不至于一直在黑暗中苦苦挣扎。

　　另外，就如我们不能期待孩子一下子长得很高一样，我们也不能期待孩子的人格能很快到达较高的境界，心灵一下子能变得积极阳光，内心充满强大的能量。孩子是在体验中慢慢成长的，养育孩子就要为孩子创造一个良好的生活环境和心理环境，让孩子能够在我们为之创造的环境中一刻接一刻地体验美好，这样，孩子的心灵与人格才会一点一滴地变得美好和强大。美丽的心灵跟健美的身体一样，也是逐渐塑造和磨炼出来的。因此，父母要对孩子的成长保持耐心，不仅要对养育孩子充满爱与热情，还要掌握科学的方法与技巧，这样才能胜任这份艰巨又充满挑战的工作。

　　本书主要由五个部分组成。

　　一、觉察自己的养育行为。这一部分主要是对父母养育孩子过程中的一些心理状态和行为方式进行考察和反思，帮助父母了解自己的行为可能对孩子的成长造成的影响，启迪父母通过改变和提升自我，逐步调整和完善自己的养育方式。

　　二、理解孩子的成长过程。这一部分介绍孩子身心发展的一些规律与特征。父母只有理解了这些，才能更好地设计和规划亲子关系，让自己的养育行为更加科学有效。

　　三、亲子关系与沟通。这一部分阐述建立良好亲子关系的方法、技巧以及应该注意的问题。

　　四、正确的态度是最好的技巧。这一部分讨论了养育孩子的一些态度问题。父母有好的心态，才能恰到好处地使用各种教育方法与技巧，以达到最佳的养育效果。

　　五、爱与觉知。这一部分首先讨论了如何去"爱"孩子，其次分享了我对养育孩子的一些思考与领悟。

　　我希望本书的文字能够表达出一位父亲对自己孩子的爱和对天下所有孩子的爱，并给予天下所有正在辛苦养育孩子的父母鼓励和支持。让我们一起在养育孩子的过程中不断修炼前行，并从孩子的健康和优秀之中获得人生最大的满足与幸福。

　　我相信，父母对如何有效地养育孩子的知识和技巧掌握得越多，养育工作就会越轻松有效，也越能够养育出优秀的孩子——这不仅会创造出许多更加幸福的家庭，也将会为社会培育更多更加优秀的成员，我们也就为创造一个更加美好的世界做出了自己的贡献。最终，我们会从自己孩子的美好生命中看到自己美好生命的影子，在孩子身上延续我们永恒的希望与梦想。

目　录
CONTENTS

壹　觉察自己的养育行为

贰　理解孩子的成长过程

叁　亲子关系与沟通

肆　正确的态度是最好的技巧

伍　爱与觉知

壹

觉察自己的养育行为

成为完整的自己

父母养育孩子的首要目标是帮助孩子成为一个健康的、完整的人。为了实现这个目标,父母自己首先要努力成为一个完整的人,拥有完善的人格与功能,以一个完整的人的生活状态在孩子的生命中有力地存在,这样才能胜任帮助孩子成为一个完整的人的工作。如果自己的成长和生活不够完整,那么父母就很难在自己没有发展的方面引领孩子前进。

一个人只有自己亲身体验,才能真正的知道。一个完整的人,他可以在自己的成长经历中,洞察完善人性成长的奥秘,并过上一种有意义、有价值、充实丰富的生活。他能够承担做一个人的完整责任——既能够做他自己,也能够做好一个父亲或母亲以及一个世界公民。他的心灵是自由而开放的,随时能够根据环境变化的需求、孩子成长的需求以及自我发展的需求,灵活调整自己的生活节奏和模式,使自己过上一种完整的生活,同时也能帮助孩子学会如何拥有一个完整的人生。

那么,父母如何成为更加完整的自己呢?

一是父母要培养一种"全观的视野"。这个世界不只是"我"的世界,而是"我们"和"他们"共同的世界,我们每个人都只是世界的一个分子,因此,我们不能只站在"自我中心"的角度去看待世界与处理问题,把自己与整体的世界隔离开来。当我们学会从"全景"的角度去思考和生活时，我们的心灵也会变得更加完整，并能够与世界建立更加全面而深刻的关系，那么，孩子也就有机会通过我们这个"中间环节"与外面的世界建立更加紧密的联系。

二是父母要持续地提升与完善自己的人格。人格是一个人身份、思想、情感、关系和行为的核心，一个人的人格一生都处于变化和成长之中，它是父母教育孩子最主要的资源。父母要通过终生不断地学习和自我修炼，逐渐地提高自己人格的完善程度，父母的这种持续的成长会为孩子人格的成长不断注入新鲜的活力，使父母成为孩子成长的光辉榜样。在某种程度上，父母自身人格所达到的高度与完整程度，会直接影响到孩子人格发展的高度与完整程度。

三是不执着于某种思想观念而生活。思想源于经验，每一种思想都对应一种现实，都具有一定的时间性和局限性，因此，执着于某一种思想，会让我们忽略了其他多种多样的生活，阻碍我们完全地体验当下的真实生活，进而使我们的生命变得不完整。如果我们遵循某种固定的思想去教育孩子，也会减少孩子体验完整生命的机会，使孩子的生命变得有缺陷。另外，生命总是新鲜的和不可重复的，孩子的人生跟父母的人生不一样，不要让父母的生命体验和思想限制了孩子过一种有别于父母人生的可能性。

四是不羡慕、不嫉妒别人。一个人羡慕、嫉妒别人的生活，其实，在某种程度上是对自己人生存在的贬低和否定。当父母觉得自己的人生有缺陷和不足时，他们的心理就会处于受伤和不满足的状态，这种感受会传染给孩子，会影响孩子的自信心和幸福感,让孩子也生活在失落和受伤的情绪之中。

五是尽量不生活在他人的阴影之下。父母要成为独立的自己,有自己的意义和价值追求,在思想上、生活上和工作上能够保持独立自主,拥有较大的自由空间,不大会被社会不良潮流、有问题的原生家庭和他人负面狭隘的观点所控制,能够按照自己的愿望和信念去生活与教育孩子。

每个人都要面对自己的缺陷和不足,但我们可以不让这种缺陷和不足影响到自己的心灵和行为。如果我们不被这种缺陷和不足影响,我们就能够过上一种完整的生活,并拥有一颗完整的心灵。父母的人生完整了,就为孩子拥有一个完整的人生奠定了坚实的基础,同时也为孩子的人生发展树立了一个可效仿的榜样。

理解自己，才能更好地理解孩子

理解孩子是正确养育孩子的基础。只有理解孩子，父母才能进入孩子的内心世界，跟孩子建立亲密关系。而要理解孩子，父母首先要理解自己。

我们都无法直接进入孩子的心灵去体会他内在的感受，我们唯一可以依靠的是对自己过去经验的共情理解，然后用自己的感觉和体验去类比孩子的感觉和体验——这是唯一可以理解孩子心灵的途径。如果我们对自己过去经验的理解是模糊和混乱的，或者是有偏见和扭曲的，那么，我们就很难准确地理解孩子，并且会把自己的偏见强加到孩子身上，对孩子产生误解。

为了更好地理解孩子，父母需要对自己的成长经历进行反思，理解自己经历的养育模式及所接受的教育是如何塑造自己的人格、心灵、世界观和价值观的；深入理解自己的认知、思维、情感和关系模式是如何形成的，它们的主要特征是什么以及可能存在的缺陷和不足是什么。父母要思考哪些价值观、人生观、世界观、思想观点、行为原则、生活技能和情感态度是想要传递给孩子的，而哪些是孩子能够避免的。父母只有对自己的各方面有一个比较清晰的认识，才不会使自己的养育行为处于黑暗摸索和摇摆不定之中。

另外，父母在养育孩子的过程中，自身的潜意识与意识一样重要,两者都会对孩子的成长产生深刻的影响。从某种程度上说,父母的潜意识对孩子的影响比意识层面更加巨大。父母对待孩子的态度、情感和互动模式更多是由他们的潜意识决定的。因此,父母不仅要了解自己的意识内容,还要努力探索自己的潜意识内容。父母对自己的内心世界理解得越多,就越能清晰、自由、有选择性地养育出更加健康的、优秀的孩子。

可以说,真正有效的养育方法只有从父母自己的内心之中才能找到。

内心平静，才能听见孩子的声音

当父母的内心充满烦恼与喧嚣时，他们就没有多余的空间去聆听孩子的心灵呼唤，也没有能力去理解和满足孩子的情感需求，自然也就无法为孩子的成长提供充足的能量补给。

父母内心不平静，实际上是被自己的欲望、悲伤、压力和困难给捆绑住了，由此，父母的心理就会处于压抑、冲突、失望或痛苦的状态。当父母没有找到合理的途径宣泄或者对这些负面情绪进行有效的转化时，他们就不可能用平静的心态去聆听孩子的声音。

那么，父母应该如何让自己的内心保持平静呢？

首先，父母要学会经常性地清理自我心理空间，维护心灵的纯净和简洁。一个人的心理空间和能量总是有限的，如果被许多烦恼、冲突和未完成之事所困扰，他的心就没有足够的空间装下其他东西，他的能量就会被消耗掉，他就会变得疲惫和缺乏耐心，当然也就没有能力去聆听孩子。因此，父母要努力把想做、该做的事尽快完成，或者把一些不是很重要的事放下，让自己的心灵处于"空"的状态，"空"才能积蓄能量，才能为聆听和容纳孩子的心声创造条件。

其次，简化欲望。父母如果有太多或不现实的欲望，那么父母的时间、情感、能量和注意力就会被这些欲望所占据。当欲望实现不了时，父母就会陷入失望，甚至掉进绝望的痛苦深渊不能自拔，此时，父母也就没有多余的时间和能量去陪伴和倾听孩子。父母只有舍弃一些欲望，简化生活的目标，才有可能释放自我，让自己有更多的时间和精力帮助孩子成长。

再次，提升自我情绪管理水平。情绪影响人的行为，人的所有言行都跟他的情绪有关。积极的情绪会促进人做出积极行为，而负面的情绪会引发消极行为。负面的情绪如果没有得到及时清除和转化，便会累积起来，把人淹没。父母要学会经常性地清扫自己的情绪垃圾，这样才能保持心灵的新鲜和愉悦，从而不被负面情绪所控制，做出违背自己心愿的行为。当父母的心灵被负面的情绪所占据时，他们是没有能力去聆听孩子的负面情绪并帮助孩子处理负面情绪的，相反还可能会把自己的负面情绪传染给孩子，从而给孩子的成长带来负担和麻烦。

父母只有先把自己的问题处理好，净化心灵、创造空间，才能静下心来聆听孩子，有足够空间去容纳孩子的心灵，并以一种积极、温暖、镇静的姿态进入孩子的内心世界，成为孩子心灵世界的中流砥柱。

重新审视自己的成长经历

在成长过程中，我们都会有一些负面的经历，这些经历都会在我们的心灵上刻下一条条深深的痕迹，有些痕迹虽然表面上已经被抹平，但实际上并没有完全被消除，它们还会继续留在我们的潜意识之中，暗中影响着我们的思维、情感和行为。如果我们想活得更加明白和自由，就要对过去发生的负面事件进行有效的处理和转化。只有这样，我们才可以从中吸取更多有益的人生经验，或者使当下的言行尽量少受负面事件的影响。

在人生的早期，我们每个人的认知能力都是非常有限的，我们无法完全认识到每个事件背后的全部意义，因此导致对一些事件中的人以及他们的意图产生误解。最明显的一件事就是孩子对父母的严格要求与管理行为的不理解。从深层上看，这些行为是父母对孩子的爱的表现，虽然在方式、方法上也许有不妥当之处。然而，孩子会因此而感觉受伤，并认为这是父母不爱他，甚至是恨与攻击他的表现。可实际上，这只是一个误会，但这个误会对孩子的心理成长产生了很大的负面影响，让孩子感觉到自己长期生活在不被爱与不接纳的痛苦与折磨之中，并因此引发一系列叛逆、斗争与不合作的行为，给孩子的心理和成长造成了严重的后果，而这种影响很有可能会继续传递到下一代身上。

　　父母养育孩子的态度与方式受他们自己的父母的养育态度的影响。父母如何理解自己父母的养育行为将会影响他们将来养育自己孩子的心理和行为。虽然，父母无法改变童年时发生在自己身上的事情，但是父母可以改变看待这些事情的角度。每件事情都有很多种不同的解释，每一种解释都呈现了事情某个方面的事实。当父母能够从不同的角度去看待童年发生的事情和自己父母的养育行为时，他们就拥有了更加灵活和完整的心灵，也就更有可能从中获得更多的营养和能量，从而能够有选择性地对自己的孩子进行教养，而不会陷入自己过去的被教养模式之中。

　　当我们对过去的经历进行重新思考和体验时，我们会从中发现以前没有发现的东西。由此，我们的经历、情感和行为也能发生改变，并创造新的更加完整的心灵世界与人生图景，最终，我们就可以创造出一种新的教育模式和环境。

关键是父母，而不是孩子

孩子的心灵、能力与行为的养成是一个从无到有的过程。虽然孩子从出生的那一刻起，就拥有了成长为一个人的天赋与潜质，但是到底能够成为一个什么样的人，是由孩子的特质、父母以及环境的交互作用共同决定的。因此，如果说谁应该为孩子的成长负责，那肯定先是父母，然后才是孩子。

孩子刚来到这个世界，是无知且没有选择的，孩子的一切都掌握在父母手里。父母要理解个人成长及世界运行的规律，然后按照这种规律创造适合孩子的成长环境与生活空间。因此，当孩子的成长出现问题时，父母首先要检查自己为孩子创设的环境是否有问题，自己的教育方式是否违反孩子成长的规律，自己与孩子建立的关系以及自己对待孩子的养育态度和行为是否有问题，等等。为适应孩子的健康成长，父母要及时地做出相应的调整和改变。

当父母主动承担起养育孩子的全部责任，理解自己的养育行为对孩子成长所起的决定性作用时，他们会变得更加乐观和积极主动地养育孩子，因此就不会把时间和精力花在抱怨、批评、责备和失望的行为上，而是会把更多的时间和精力花在思考如何更好地影响与推动孩子的成长上。

抱怨、批评和指责，在某种程度上是父母在为自己不恰当的养育行为寻找借口,把责任推给孩子,以降低自己的养育压力、焦虑和内疚感。这是一种逃避行为,而不是一种有助于孩子成长的积极行为。父母抱怨、批评和指责孩子,意味着父母并没有意识到自己养育孩子的行为错在哪里,也不知道该如何更加有效地养育孩子,因此才会采取这种消极负面的逃避行为。当父母勇敢地承担起养育孩子的责任,并知道如何去改变和行动时,他们就会避免采取抱怨、批评和指责的态度对待孩子。

积极地承担养育的责任会给父母带来更多的自由和主动权,使其避免陷入悲观与无奈之中。父母会感觉到自己对养育出什么样的子女是可以把握的,自己对孩子的成长是可以有所作为的,因此也就会对养育产生更大的热情。当父母用积极的心态去养育孩子时,好的教育方法就不难被找到,同时执行的情绪状态也会更好。

父母就像是齿轮,把孩子带动。父母改变了,孩子也会跟着改变。

家是心灵栖息的地方

家是父母与孩子身心休息和放松的地方,孩子和父母都需要时间过温馨的家庭生活。虽然学习是孩子生活的中心,但孩子的生活不能仅仅只有学习。承受一定的压力和挫折是孩子成长必不可少的条件,但如果孩子持续处于压力和挫折之下,没有时间获得缓解和放松,那么,孩子的心灵最终是会被压垮的。

休息与娱乐也是生活的必需品。孩子只有获得充足的休息与娱乐,才能保持充沛的精力与能量,才能更好地投入学习之中。孩子在学校学习一天,回家后往往会比较劳累,需要一些时间休息和调整,因此,父母尽量不要让家变成另一个课堂,让孩子的家庭生活变成严厉的学习训练。否则长此以往,孩子就会越来越讨厌学习,变得闷闷不乐、疲惫不堪,这样反而会使孩子在学习上采取应付和拖延的态度,结果就是孩子学习效率低下,有些甚至会完全放弃学习。

当下社会,父母都要工作,且工作压力都很大,时间也都很紧张,即便好不容易腾出一些时间来陪孩子,此时也可能没有完全从工作的疲惫和压力中解放出来,这时与孩子接触,很容易把自己在现实中感受到的紧张、压力间接传达给孩子,增加孩子的心理负担。因此,父母回家陪孩子时,要尽量把工作的压力留在工作单位,不要带回家;或者通过自我调整,把它给转化掉。父母心情轻松、愉快了,孩子才能真正轻松、愉快地成长。

　　家是父母与孩子共同休息、放松,获取爱与温暖的地方,不要让家成为另一个"斗争"的场所。孩子进入外面的世界要面临很多的挑战,家应该成为孩子的能量加油站。父母保护好家的温馨与快乐,就是守护自己与孩子的心灵家园,无论工作的压力有多大,学校的竞争有多激烈,家都应该始终成为父母与孩子心灵休憩的港湾。

以自我成长引领孩子成长

成长的生命是新鲜的、富有活力和充满正能量的。如果一个人停止了成长,他就会变成一潭死水,充满腐朽的气息,让人避而远之。

父母的自我成长是促进孩子成长的最佳途径之一。首先,父母的成长会给自己的生命带来源源不断的活力,为滋养孩子的生命和教育孩子提供能量来源;其次,父母的自我持续成长,使父母的生命达到更高的境界,给孩子树立一个好的生命榜样,为孩子的成长指明方向;再次,成长使父母变得更加有魅力和吸引力,吸引孩子进行合作与学习,这样,父母的知识、技能和经验就有机会传递给孩子,从而帮助孩子更加有效地学习;最后,成长使父母能够紧跟孩子成长的步伐,缩短与孩子心灵的距离,有利于父母更好地理解孩子的成长需求与心理特点,与孩子建立亲密的亲子关系。

父母如果自身成长不够,就必须花更多时间去完善自己,这样一来就只有少量的时间和精力去教育孩子。父母如果在其人生早期受到较好的养育和教育,人格和情感已经相对比较成熟,那么有了孩子之后,也就拥有更加充足的时间和能量去帮助孩子成长,而不用为自己的缺陷和不足而担心、焦虑。父母如果对自己的人生发展很不满意,生活存在很大的缺失,就无法安心地经营家庭生活,为孩子创造适合其身心健康成长的家庭环境,也无法深入孩子的生活中,更有甚者会把自己人生的焦虑和不足投射到孩子身上——要么害怕孩子长大后跟自己一样过一种有缺陷的生活,要么极度渴望孩子能够补偿自己人生的缺憾。这样一来,父母不仅不能很好地促进孩子的健康成长,反而会给孩子的全面成长制造障碍。

另外一种可能会给孩子带来更大的心理伤害的情况是:父母把自己无法更好地成长发展的责任推到家庭、婚姻和孩子身上,认为正是家庭、婚姻和孩子阻碍了其自我的成长,使自己没有机会去过一种更加自由和完整的生活,而带有这种想法的父母很容易讨厌和憎恨家庭和孩子,更不用说拥有充足的爱去滋养孩子成长了。

父母是孩子人生成长中最重要的人,父母的人格、情感、行为和形象会成为孩子的心灵和记忆中最核心的部分,会伴随孩子的一生。父母只有自身不断成长,才更有底气要求孩子不断成长进步。如果父母自身都放弃成长,停滞不前,那么孩子也可能会步其后尘。有些父母可能会说,我年纪大了,已经不需要再学习和成长了,只有孩子才需要学习和成长——这可能只是一个偷懒与自我逃避的借口。生命就是一个不断成长和创造的过程,不管你处于哪个年龄阶段,成长都是生命中不可缺少的一部分。可以说,只有父母不断成长,才能更好地激发孩子的成长。如果父母停滞不前,那么孩子成长的动力也会自然被削弱。

反思带来自由

拥有反思能力是人格成熟的重要标志之一。当一个人被问题或负面情感困住时，他唯有通过自己的反思，为心灵创造一定的空间，对问题和负面情感产生的根源进行分析，并找到更加合理的方式去面对和处理，才能把自我从问题和情感困境中解放出来，避免完全被其淹没。因此，可以说有了反思能力，心灵才有了自由、选择与改变的可能。

抚育一个孩子长大成人是一项艰巨又充满挑战的工作，期间会遇到很多的困难，父母只有懂得反思，才能有效地化解教育危机，并从中领悟到更高水平的育子智慧。父母自身的成长和情感是养育孩子最重要的资源，但也可能成为有效养育孩子的障碍。父母只有能对自己的经历和情绪进行深入的反思，才能理解产生自身情绪困扰的原因，然后通过转念和转化的途径，进行有效的管理调整。这样，父母才能避免自己在无意中将潜意识里的负面思维和情绪模式传递给孩子。

父母只有对自己的人生观念、情感、行为、欲望、价值观、沟通模式、关系模式等进行系统的反思，对之有一个较为清晰的认识，才能让自己活得比较通透，养育孩子也就会更加澄明和理性。当孩子的成长出现问题时，父母就可以对之进行有效的反思，发现问题产生的原因，然后及时进行调整，从而找到更加有效的养育方法，来促进孩子健康成长。如果对问题缺少反思，那么孩子成长过程中出现的很多问题就无法得到灵活有效的处理。

温柔地对待自己

　　每个人都渴望被温柔地对待,我们自己是如此,孩子也是如此。父母能够温柔地对待自己,才能够温柔地对待孩子。相反,如果父母对自己很苛刻,那么他们也可能会用同样的方式对待孩子。温柔才是一种健康的状态,而严厉和苛刻则是压力和焦虑的结果,是心灵受伤后的一种次发反应。

　　父母为何会对自己和孩子如此苛刻呢?这种态度是如何学会的呢?可能的原因是,在父母很小的时候,当他们没有把事情做好,没能达到他们的父母和老师的标准时,他们就会受到苛责,长此以往,他们就形成了这样的观点:犯了错误受到惩罚是理所当然的事情。他们在不知不觉中把父母与老师的这种模式内化,现在他们也用同样的方式对待自己与孩子。但是,父母没有意识到这种行为从根本上就是错误的,是自己小时候心灵受伤害的结果。一个孩子犯了错误并不一定要受到严厉的指责和惩罚,他可以被原谅,可以被指导,可以被宽容,可以从错误当中学习和成长。批评与指责并不能有效地帮助孩子改正错误,反而会使孩子憎恨父母,暗中抵抗,让孩子更加没有动力与能量从错误中学习,去做正确的事情。

　　父母采取苛刻的教育态度,其实是一种被动的、重复过去的行为,并非父母自主的、理性的决定。采用这种教育态度往往是因为父母没有机会学会用一种温柔的方式去对待自己和他人。所以，当父母对孩子的行为感到担心和焦虑的时候，他们就会本能地选择用自己小时候所接受的方式去处理。虽然这种方式在短期内看起来是有效的，让孩子感到痛苦和恐惧，让孩子马上调整自己的行为。但从长期来看，这种方式对孩子健康成长的副作用也是很大的，亲子关系会遭到破坏，孩子会变得叛逆、不友好、不快乐、自卑，甚至会攻击和指责父母……孩子也学会了用不温柔的方式对待父母、自己以及整个世界。

如果父母能够换一种温柔的方式去养育孩子，就能使简单、粗暴的养育方式在自己这一代结束，让下一代能够用更加温柔的方式对待自己和世界。

教育是一个传递能量的过程

每个人的生活与成长都是需要能量的。父母不仅要给孩子的身体提供物质能量，而且还要给孩子的心灵传递心理能量，唯有如此，孩子的身心才能有充足的成长动力。教育表面上是一个传授知识的过程，而在深层上则是一个传递能量的过程。

每个孩子的本性之中都存在着追求成长、探索知识和变得优秀的动机。如果一个孩子看起来疲惫无力，对什么事情都不感兴趣，对学习和生活缺乏热情，可能的原因就是他缺乏心理能量。

良好的亲子关系和沟通方式是父母向孩子传递心理能量的桥梁。父母要学会用恰当的方式跟孩子建立融洽的亲子关系，并以积极有效的方式跟孩子进行沟通，才能够持续不断地给孩子输送成长的能量。如果亲子关系遭到破坏，或者父母不能以建设性的方式与孩子交流，就可能导致能量传输的通道被阻塞，甚至传递给孩子负能量。

一个典型的例子就是父母对孩子进行批评和指责。从父母的角度来说，他们的目的是帮助孩子明辨是非，避免犯错。实际上，孩子被父母批评时的确会有减少做坏事的想法，但因为受到了批评和指责，孩子很难有一个好情绪，而坏情绪其实是一种负能量。当孩子产生负面情绪时，他的能量值是很低的，就会没有力量去做正确的事情。父母对待孩子的态度、言行会直接影响孩子能量水平的高低，从而影响孩子的行为方式。亲子沟通的一个重要目标是提升孩子的心理能量。

　　父母是孩子成长的能量源泉，父母自身的能量水平也是非常重要的。能量总是从高的地方流向低的地方，高能量的父母可以传递给孩子的能量更多而且传递效率会更高。如果父母自身的能量水平较低，在发现孩子的行为出现问题时，父母的情绪就容易变得焦虑和愤怒，于是在处理问题时，会不知不觉把自己的负能量传递给孩子。本来父母应该是处理和消化孩子负面情绪的容器，结果孩子却成了父母宣泄负面情绪的垃圾桶，父母的行为反而损耗了孩子的心理能量。所以，父母要教育好孩子，除了与孩子建立良好的亲子关系，学会用正确的态度和方法跟孩子交流外，还要通过不断地自我修炼，加强自身修养，提升自己的能量水平，这样才能持续不断地给孩子的学习与成长传递正能量。

美好情感是孩子成长的加油站

情感是人类生活的中心，人的所有行为都跟情感有关。甚至从某种程度上来说，情感就是一切，你拥有什么样的情感生活，意味着你拥有什么样的人生。所谓幸福，就是指一种美好的情感体验。体验到更丰富、更深刻的情感，才能让人生变得精彩、充实和有意义。

拥有健康而稳定的情感是一个人成熟的标志。那么，个人的情感模式是如何形成的呢？现代心理学研究表明，个人的情感模式主要不是从父母那里通过基因遗传的方式获得的，而是从他与父母的关系互动中内化而来的，在与父母之间的情感交流过程中不知不觉学会的，可以称之为"后天遗传"。因此，父母的情感模式与特征会直接影响孩子的情感模式与面貌。

父母是家庭生活的核心，也是家庭情感生活基调的奠定者。在一个家庭中，父母之间的情感生活是排在首位的，其次才是亲子之间的情感生活。如果父母之间的情感生活出现问题，那么，亲子之间的情感生活也可能会出现问题。因此，父母首先要经营好夫妻之间的情感生活：一方面，当父母的情感生活丰富多彩的时候，整个家庭也就充满了活力与激情，可以为孩子的情感生活做榜样；另一方面，父母只有自己的情感生活幸福美满，才有充裕的情感能量去滋养孩子。如果父母自己的情感生活不幸福,就没有足够的情感能量去经营好亲子之间的情感生活。情感影响着我们每个人的行为,情感生活不愉快,人生可能就会止步不前,人的发展会受到阻碍。同样,孩子感到不快乐,其学习、成长和人际交往就会变得困难重重。当孩子每天生活在充满温情的家庭中时,情感也会逐渐变得温暖和稳定。

良好的家庭情感生活需要用心去经营,父母双方都有责任去培养自身美好的情感,同时也都有责任为家庭投入积极的情感。一个家庭的情感氛围就像一个蓄水池,只有当大家都往其中注入美好的情感能量时,水才会集起来,水才能保持新鲜和甘甜,而这水会滋养家庭中的每一个人,成为家庭中每一个成员成长与幸福生活的动力源泉。

接纳自己与孩子的负面情绪

　　养育孩子是一个长期而艰辛的过程，没有哪对父母会认为自己养育孩子是轻松的，不会遇到困惑和挑战。父母有时候会感觉自己的情绪就像过山车一样，起起落落，难以自制，刚刚还是风和日丽，转眼间可能就会阴云密布。

　　父母很多时候会惊讶于自己的情绪反应，明明自己想要好好地对待孩子，怎么瞬间就会暴跳如雷了呢？每次失控发脾气后，父母都会为自己的行为感到后悔，很想要控制好自己的情绪，但下次依然重蹈覆辙。

　　所以，对父母来说，在教育孩子时，最困难的也是最重要的是管理好自己的情绪，而不是讲道理。有好的情绪，才会有好的心态去执行正确的教育理念，否则，再好的育儿理论与技巧都无法贯彻实施，再美的育儿愿望也都无法实现。

　　父母不仅要管理好自己的情绪，还要帮助孩子处理他们的负面情绪。孩子有好的情绪才会有好的行为，如果孩子处于负面情绪之中，其正常的学习生活就会被阻断。又因为孩子的自我调节功能还未充分发展，情绪忍受和刺激控制能力相对较弱，因此，一些小事就可能对孩子产生较大的冲击和影响，如考试成绩、作业负担、同学关系、父母态度、老师评价、零花钱水平等，种种状况都会导致孩子产生强烈的负面情绪。孩子的很多能量可能会在应付与处理这些负面情绪时消耗掉。因此,对父母来说,养育孩子的真正挑战是深入孩子的内心深处,共情、理解和接纳孩子的负面情绪,帮助孩子把这些负面情绪排泄出去,使孩子的心灵保持宁静,如此,孩子才能健康成长和幸福生活。

那么,父母应如何管理好自己的情绪并有效地帮助孩子处理他们的负面情绪呢?

第一,父母要树立起对自己情绪负责的态度,调整好自己养育孩子的心态。虽然父母的某些负面情绪是由孩子的不良行为引起的,但是到底选择用什么态度和方式去对待孩子的错误行为是由父母自己决定的。我们对待事件的态度比事件本身对我们的情绪影响更重要。如果父母认为孩子是个捣蛋鬼,或者认为孩子的错误是不可接纳与饶恕的,父母就会对孩子的错误行为大发雷霆,或者感到痛心疾首;如果父母认为孩子犯错误是正常的,可以理解的,而且相信孩子的行为是可以塑造和改善的,父母就不会那么焦急、愤怒和歇斯底里了。父母对待孩子错误行为的态度和观念直接决定了父母的情绪反应模式。因此,父母不能因为孩子给自己带来了麻烦,或者伤了自己的自尊心而去责备孩子。父母要认识到处理孩子成长的问题以及管理自己的情绪是自身的工作,否则,就会无意中把自己的负面情绪通过不满和指责的方式扔给孩子。表面上很合理,但实际上是父母对自己的情绪不负责。

第二,帮助孩子面对负面情绪的最好方法是接纳孩子的负面情绪。接纳孩子的负面情绪是帮助孩子恢复平静的最好方法,也是帮助孩子的情感走向成熟,人格变得完善的必经之途。当孩子的情绪被否定时,孩子就失去了理解它和处理它的机会。

当孩子发现父母能够接纳和理解自己的负面情绪时,他也会去接纳它,并认为自己是正常的,而不是一个异类或者是病态的。然而,所有做过父母的人都知道,处理孩子的负面情绪是一件多么困难的事情。

第三,主动容纳并解读孩子的负面情绪。父母的心灵是承接孩子负面情绪的最好容器,良好的亲子关系要求父母具有强大的容纳和"解毒"功能。父母在内摄了孩子的焦虑、愤怒、烦躁、不满等负面情绪后,要将孩子的这些负面情绪进行"解毒"处理,使之转化成具有较少"毒性"的、更成熟的情绪,然后再反馈给孩子。接着孩子重新吸收父母处理过的"合理情绪",逐渐走向平静、稳定和成熟——要完成这个艰难的工作需要父母具有强大的人格功能。

第四,尊重孩子表达各种情绪的自由和权利。父母要理解"所有的情绪都是好的"的理念,即使是负面情绪也是保持身心健康必不可少的,比如愤怒和悲伤,能够帮助心灵处理伤害和痛苦,具有帮助恢复自身身心平衡的功能。当父母能够接纳自己及孩子的负面情绪时,孩子也才能接纳和面对自身的负面情绪。

第五,理解和尊重孩子的情绪。当孩子的负面情绪被父母理解、共情和尊重时,孩子才能理解自己的负面情绪,才能拥有足够的心理空间去思考自己情绪产生的原因,并拥有面对和处理它们的能量。可以说父母的理解和共情是孩子的心灵发生危机时的急救药,可以抚慰创伤,缓解痛苦,带来孩子情感的成长。

第六,要提升孩子处理负面情绪的能力,父母自身也要通过持续的学习和修炼，不断提升自我的情绪管理能力，培养积极乐观的心态，以面对生活中的各种困难和挫折。当父母自己能够做到时，孩子也就可以从父母身上学会处理负面情绪的方法与技巧。

不要把自己的伤痛无意中传递给孩子

每个人在成长过程中，都会有受伤的经历，这些痛苦体验会在心里留下深深的烙印。为避免自己再受伤害，我们的心灵就会建立起一套"防御系统"来保护自己，在这套严密的防御系统背后隐藏着许多的不安、焦虑和恐惧情绪，它们变成了我们整个心灵生活的背景，并时时刻刻影响着我们的思维、情感和行为。

父母的人生经历会深刻地影响他们养育孩子的方式。为了避免孩子承受自己以前受过的伤害，父母会把自我防御系统作为重要的人生智慧传授给孩子，希望为孩子的心灵建造一个保护系统。但是，父母往往忽略了，孩子生活的时代和世界已经跟过去不一样了。他们经受的痛，孩子不一定会经历；他们面临的生活危险也并不是孩子一定会遇见的。他们这种神经过敏的防御模式反而会影响孩子的健康成长和正常生活，同时也会影响到孩子的安全感和幸福感的建立，使孩子一出生就要背负着父母的伤痛开始自己的人生道路。

假如父母的童年生活比较艰难，在生活和工作中遇到过一些挫折或不公平的待遇，父母的内心就会不可避免地累积许多受伤的感觉。这种受伤感会改变父母的认知和情感模式，父母会感到社会及他人都不那么友好和温柔，因此，父母会在不知不觉中采用相同的态度对待社会与他人。父母很难意识到，自己的思维方式和行为是一种受伤后的被动反应，是受自己以往的痛苦经历所控制的。父母为了帮助孩子适应这个现实社会，会把自己所遭遇的事情及人生经验传递给孩子，让孩子学会提防可能来自社会与他人的伤害。这类父母经常会在无意中传递给孩子以下信息。

- ✓ 世界是危险的，当你进入世界时要小心。
- ✓ 社会上到处都有坏人，不要轻易相信别人。
- ✓ 人生就是要斗争，不是你战胜别人，就是你被别人战胜。
- ✓ 不要让别人占你的便宜，你要保护好自己的利益。
- ✓ 有人想要伤害你，你为了保护自己，同样可以伤害别人。
- ✓ 社会不存在公平，所以你也可以占别人的便宜。
- ✓ 凡事都要为自己考虑。
- ✓ 时时刻刻都要小心谨慎，以免被利用和伤害。

父母向孩子传递以上这些观念的目的是保护孩子，帮助孩子拥有更强的生存能力，但无意中会暗示孩子要与社会和他人对抗，结果会使孩子无法轻松地融入社会，无法与世界建立和谐紧密的联系，会使孩子无法以一种积极、乐观、自信的态度迈向未来的人生。

没有谁的童年是完美无瑕的，每对父母都有自己的痛苦经历,或者无意中继承了上一代遗留下来的家族创伤。父母要对之进行理解与反思,并找到有效的途径去疗愈自己的伤口,从创伤的阴影中解脱出来,如此才能阻断创伤的代际传递,让它在自己身上结束,而不会在孩子身上延续下去,让孩子能够真正放下上一辈的痛苦包袱,开启自己的崭新人生。

缓解家庭中的压力

父母在养育孩子时，会承受很大的压力。父母需要学会采取有效的策略应对这些压力，只有在压力下保持风度，才能保证教育往正确的方向前进，否则就会给自己及孩子的身心带来一些负面的影响。

父母在生活中，会面对各种压力：经济压力、生活压力、配偶压力、道德压力、长辈压力、自我成长压力、职业发展压力等。所有压力会形成"累积效应"，当父母承受的各种压力达到一定程度时，他们就会变得焦虑、暴躁和缺乏耐心。而养育孩子又是一件需要极大的耐心并且耗费精力的事情，所以孩子成长过程中出现的问题，往往会成为压倒父母的"最后一根稻草"，导致父母情绪的爆发。

父母有压力，孩子就有压力。压力会降低父母自身的免疫能力，也会导致父母不快乐和情绪暴躁，而这一切都会加倍地在孩子身上呈现。因为孩子的心灵相对来说比较脆弱，承受压力的能力也肯定不如成人，因此，可想而知，当父母自己承受不了压力，并把压力放大投射到孩子身上时，孩子心灵所承受的压力会有多大。如果父母发现孩子烦躁不安，闷闷不乐，做事没有耐心，没有办法安心学习，就可以判断孩子可能正处于压力之下，父母就要寻找方法帮助孩子缓解压力。

父母放松了,孩子才能放松。养育孩子是一个考验父母耐心、体力、精神和意志的持久过程。父母懂得休息和自我放松,能够采用有效的方法缓解自身压力,才不会因压力大而导致疲劳、紧张、焦虑,甚至情绪崩溃,才有更充沛的精力养育孩子。

父母是孩子心灵世界的支柱

孩子在年幼时,心理还没有成熟,自我调节功能还不完善,应对困难和挫折的能力会比较弱,因此,心理经常会处于不安全的状态。心理上的不安全会给孩子带来焦虑、恐惧、抑郁等情感体验,让孩子无法宁静快乐地成长。

养育孩子非常考验父母承受压力与挫折的能力。孩子的成长过程总是充满了困难与挑战,很多时候会受考试、作业、同伴交往、升学就业等问题困扰,这些事件不仅会给孩子的心灵带来压力和创伤,也会给父母带来压力和焦虑。当遭遇挫折快要崩溃的时候,孩子特别需要来自父母的鼓励与支持,如果父母也同样几近崩溃,那么就无法有效地帮助孩子渡过难关。如果父母此时责备孩子不努力,不仅无法帮助孩子取得进步,而且会增加孩子的心理负担。如果父母能勇于面对,轻松应付,那么,孩子就会从父母身上获得安慰和鼓励。如果父母能够承受发生在孩子身上的糟糕事情,那么孩子往往也能够承受这些事情。

父母作为心理成熟和自我强大的成人,经常要把成熟的自我功能借给孩子使用,与孩子一起面对成长过程中遇到的威胁与危机,并能及时有效地抚慰孩子受伤的心灵,长此以往,孩子就能慢慢地学习和内化父母的这种自我功能,并逐渐拥有自我抚慰和自我激励的能力。孩子在父母的支持和鼓励之下,心理才会慢慢变得成熟和强大,并拥有在伤害中进行自我疗愈的功能。

父母感到安全了，孩子才会感到安全

　　安全感是每个人最基本的心理需求之一。如果一个人感到自己的安全受到威胁，那么他会放下其他事情，首先建立自己的安全感。一个孩子只有心理上安全了，他的内心才能保持平静与和谐，才能感到快乐与幸福，才有可能安心学习与顺利成长。一旦安全感无法稳定建立或者遭到破坏，孩子的内心就会陷入焦虑与不安之中，各种心理和行为的问题就会产生。

　　帮助孩子建立安全感是父母养育孩子的重要任务之一。为了达到这个目标，父母首先要建立自己的安全感。只有这样，父母才能为孩子建造一个安全的心理空间。如果父母的安全感不足，经常处于过度的担忧、焦虑和不安之中，那么他们在生活中就会变得"神经过敏"。这会导致父母在生活中产生一些强迫性的行为，以缓解自己的内心焦虑。如果父母自身加倍努力工作，做任何事都要求尽善尽美，以避免受到指责与伤害，这种行为虽然有利于父母提升工作能力，获得职场上的成功，但同时也会过度地损耗父母的生命能量，让父母无法享受生活的乐趣，反过来就会影响父母人生持续发展的潜力。父母往往也会把自己这种强迫性追求完美的做事方式与标准贯彻到孩子的学习与生活上，要求孩子能够在学习和成长上做得完美，认为只有这样才能保护孩子的心理安全。但是，父母没有意识到这种苛刻要求是自己缺乏安全感的反映,会给孩子的生活学习带来过重的压力与包袱,让孩子也生活在紧张、焦虑与不安之中,最终影响孩子的安全感与幸福感。

影响一个人的安全感最根本的因素是人格发展的成熟水平,人格越成熟,应对困难、挫折、危险、挑战、关系紧张等可能带来心理威胁的能力就越强,个体的心理越不会轻易崩溃。因此,父母要通过不断的学习与自我修炼,逐渐促进自我人格的提升与完善。只有这样,才能拥有稳定的安全感。只有父母自身的安全感提升了,父母的身心才是自由的,父母的情绪才能更加愉悦;父母以一种轻松的心态去养育孩子,才能让孩子也拥有自由、轻松、愉悦的童年。

那么,哪些因素会影响孩子形成稳定的安全感呢?

一是父母对孩子的养育质量。在孩子小的时候,如果其各种生理和心理的需求都得到了父母很好的照顾满足,物质生活和心灵生活都达到了较高的水平,不用担心自己会被父母抛弃或者无法健康地生存,那么,孩子就会获得一种"首要安全感",这种安全感会让孩子对个人生活以及整个世界产生信任。

二是孩子与身边的人的关系质量。如果孩子从小就获得身边其他亲人、伙伴和老师的欣赏、认可和帮助,能够与他人友好相处,个人归属感获得了较好的满足,那么,他也就会对他人产生信任,并对自己的价值和能力产生信心,孩子的"次要安全感"也会比较稳定。

三是社会环境的安全稳定性。整个社会大环境的安全和稳定当然也会影响到个人的心理安全水平,如果社会秩序良好,较少受到战争、犯罪、恐怖主义等威胁,孩子的日常生活就不会充斥着令人不安的负面信息,那么,孩子的心理安全水平自然也会更高。如果孩子在成长早期接触到太多不安全的信息,其内心就会有更多负面情绪,会觉得这个世界很危险,那么其安全感也会受到损伤。

四是孩子自己身心、生活技能、思维能力等的发展水平。如果孩子的身体或心灵成长出现问题,或者生活能力和思维能力较差,那么也会影响到孩子的安全水平。因此,培养和提升孩子的各种能力,也是确保孩子拥有稳定安全感的必备条件,如果孩子感受到自己的各种能力都不如他人,觉察到自己很难在社会上立足,很难去适应社会现实的需求,那么,他的自尊、自信和价值感都会受到威胁,他的心理自然也就会处于焦虑与恐惧之中。

另外,在时间上,越是早期的经历对孩子的安全感的发展越重要。如果孩子在人生早期安全感较高,那么,他的幸福感也就会更高,相应地,他日后应对困难、挫折的能力也会相对较强,比较能淡定从容地应对威胁和挑战。一旦孩子早期的安全感受到威胁,那么孩子的"首要安全感"很有可能就无法形成,他一生都可能生活在不安与惶恐之中,害怕会再次受到伤害。一旦安全感无法建立,孩子的心理就无法获得安宁,难以感到快乐和幸福,也就无法安心学习和成长,由此孩子的成长动力和能量会被瓦解掉,并会形成过度退缩和自我防御的行为策略,从而影响孩子一生的发展和幸福生活。

在以上所有影响孩子安全感的因素之中,父母自身的心理安全是基础,父母只有自己的心理安全了,才能与孩子建立安全的亲子关系;而亲子关系安全了,孩子的心理才能安全。同时,父母内心强大,亲子关系安全,孩子抵抗外来不安全因素干扰的能力也会增强,这是孩子心灵的最佳辅助防御装置。父母要让孩子感觉到,尽管外面的世界有危险和不稳定的因素,但最起码在家里自己是安全的。父母为孩子的心灵提供了一个安全的港湾,让孩子的身心能够在其中健康成长。

自尊是自信、自由和幸福的基石

自尊是一个人心理生活的基石。有自尊，才会感觉到做人的尊严，才能感受到生命的意义和价值。一个人的自尊水平越高，他的心理就越安全，他的心理免疫能力就越强，也就越不容易被他人的轻视、贬低、攻击所伤害。自尊是一个人自信心、自由感和幸福感的基础。

那么，一个人的自尊从何而来呢？首先，一个人的自尊来源于成长环境对他的认可、欣赏、理解与尊重，当一个人受到父母及他人的接纳与肯定时，他就会逐渐建立起基本的自尊感；其次，自尊来源于一个人对自己人格成长的完善程度，对自己的能力以及自己生命的存在价值的积极评价。以上这两个方面对一个人自尊的建立与巩固都非常重要，缺一不可。但最终起决定作用的还是个体自己，因为只有个体的人格和能力真正提升了，能够为社会和他人做出贡献了，他才能获得他人的认可和欣赏，获得自尊上的满足。

父母的自尊水平对孩子自尊心的影响也是很大的。当父母的自尊水平很高时，他们就能更好地保护自己的情绪与能量，不易被他人的负面评价和不良行为所损害，因此，也不太容易受他人影响和控制，能够活得比较独立自主、理性睿智、淡定从容，这样就为培养孩子的自尊心奠定了良好的心理基础与情感基础。

如果父母的自尊水平不高,那么父母就会很容易被他人的观点所左右,并特别渴望获得孩子和他人的认可与欣赏,如此反而不能够有效地满足孩子的自尊需求。同时,父母会把许多的时间和精力投入到获得他人认同的行为上,而无法照顾到自己内心的真正需求,从而导致自身内在的空虚和自尊损耗。

一对低自尊的父母养育孩子时会出现以下两个方面的问题:一方面,父母的自尊水平比较低,会变得敏感与脆弱,也比较容易受孩子及他人的负面言行的伤害,导致孩子在父母面前变得压抑和胆小,害怕会伤到父母的自尊心;另一方面,父母容易拿自己的孩子跟他人的孩子进行比较,希望孩子能给自己长脸,以满足自尊的需要,父母的这种自尊需求无形中会成为孩子的心理负担,让孩子的童年背负起沉重的要让父母为之感到骄傲的包袱。有些孩子为了满足父母的自尊心,在学习的道路上拼命向前,以取得优异的成绩让父母满意,结果让自己感到身心疲惫,力不从心;有些孩子则可能采用拖拉、偷懒、耍赖、逃避、不合作等手段进行抵抗,通过让父母放弃对他们的过高期待,来减轻自己的压力。另外,父母缺乏自尊会导致说话和做事都以自我需求为出发点,忽略孩子的自尊需求,容易扭曲孩子的学习动机,瓦解孩子的学习积极性,让孩子变得讨厌学习。

自尊水平高的父母内心会更强大,孩子在父母身边会感到更加安全和宁静,不用担心父母会突然因自尊心崩溃而情绪失控,孩子就能勇敢地进行尝试与探索,拥有更多的成长自由与更大的发展空间。不然,孩子的人格和兴趣都要围绕着"父母的期待和自尊需求"发展,而孩子自己的自尊需求、人生志向和抱负却被压抑着,这样很容易导致孩子的独立人格无法形成。

因此，父母要管理好自己的自尊心，不要把自己的自尊需求建立在孩子的优秀上，而是要通过自己的努力工作去实现自己人生的价值和意义，提升自尊水平，如此也能给孩子的自由成长创造空间，让孩子有机会成为自己，并且更加轻松地学习、成长，而不用成为满足父母"自尊需求"的影子。

同样，父母也要意识到"自尊需求"是每个人最根本的需求之一，如果孩子的自尊心受到损害，他的心灵就会处于痛苦之中。因此，父母在教育孩子的过程中要努力维护孩子的自尊，主动满足孩子的自尊需求，这样亲子关系才会比较和谐，教育也会比较有效。如果父母说的话太伤孩子的自尊心，那么孩子为了维护自尊心，就会选择抗拒。孩子只有感觉到被尊重，才会接纳父母所说的话。

每个人都渴望有尊严地活着，成人是如此，孩子也是如此，父母要成为维护自己尊严和他人尊严的榜样。

平衡与满足亲子之间的需求

　　孩子对父母有很多心理需求,渴望从父母那里获得满足,如自恋需求、自尊需求、安全需求、接纳需求、被爱需求、归属需求、自我独立、平等自由等,如果这些需求不能获得满足,孩子就可能对父母产生不满与怨恨;如果能够获得很好的满足,孩子就会对父母充满感激。当然,孩子的需求并非都要绝对的满足,因为这是不可能的,也是没有必要的,如果全部都满足,反而会使孩子变得以自我为中心,缺乏动力去学会自我满足。

　　除了孩子对父母有需求外,父母对孩子也同样有以上所列的这些需求。因此,父母也要让孩子明白,你们内心的"真正需要"是什么,当孩子知道了这一点,就能更加容易理解你们的需要,而不是选择去忽略它。没有一个孩子故意要让父母痛苦,除非他自己很痛苦,也很生气,没有办法管理好自己的情绪。很多父母,一方面羞于向孩子承认和表达自己有一定的需求,需要孩子来满足;另一方面,内心深处又极其渴望孩子能够理解并满足自己的内在需求。孩子不知道父母的真正需求是什么,就无法满足父母的内在需求,而父母会因此对孩子感到不满和愤怒,并认为孩子不体谅人,不孝顺,会用道德和伦理对孩子进行批判和攻击。

　　因此,父母在理解与满足孩子的需求时,最好也向孩子坦诚地表达自己内心的渴望和需求，这样孩子才能理解父母，也才会有机会去满足父母。帮助孩子理解他人的需求并适当满足，这是培养孩子体谅和爱的能力所必需经过的过程。当然，父母向孩子表达需求时，必须节制而合理，否则会让孩子认为是一种利用和剥削，可能会导致孩子对父母的不满与怨恨，并认为父母很自私，只为自己考虑，从而让孩子也学会只考虑自己的需求，而故意选择不满足父母的需求。

平衡自己与孩子之间的需求并予以一定的满足是建立健康亲子关系的关键，父母和孩子双方都要学会清晰地理解对方真正的需求是什么，并在亲子关系中努力满足对方的需求，同时也能满足自己的需求。当双方的需求都能得到一定的满足，并保持平等和平衡时，亲子关系才会沿着健康、正确的方向前进，否则就会导致关系的疏远和失衡。当父母与孩子互相理解对方的需求并满足它时，亲子关系就会更亲密，亲子双方就会更满意。

眼睛是直达心灵的捷径

父母看待孩子的眼光是父母内心世界真实情感与态度的直接流露。父母与孩子的眼神交流是父母跟孩子进行沟通与建立良好亲子关系的最有效途径之一，同时也是最难隐藏与最难欺骗的互动方式。

一个孩子只有在父母慈祥而温暖的眼光中，才能找到回家的路，才能感觉自己被接纳为人类中普通的一员。父母冰冷的眼光会让孩子生活在孤单、寂寞与寒冷之中，会让孩子觉得自己是一个异类，永远只能在地球边缘流浪。父母看待孩子的眼光往往会决定孩子看待自己的眼光，从而决定孩子的自我认同与价值感。

为人父母应该具备以下三种眼光。

专注的眼光。专注就是爱，父母把自己的心和注意力集中地贯注在孩子身上，会使孩子感受到自己被关心和重视，它能提升孩子的自尊心与存在感。如果父母看孩子时心不在焉，孩子就会感觉自己被忽略，觉得父母根本不在乎自己，也就感受不到父母的爱。

完整的眼光。每个孩子都是一个多面性的存在，既有优点也有缺点，父母要用客观、完整的眼光看待孩子。有些父母认为孩子所具有的优点是理所当然的，而缺点却是不应该有的，因此他们常常看不见孩子的优点,看见的都是孩子的缺点,并对孩子感到不满。孩子会为此感到不公平、委屈与愤怒,并变得叛逆。久而久之,孩子的缺点获得了强化,优点反而消失不见。

长远的眼光。父母只有看得高,望得远,才能为孩子的成长创造更大的空间。如果父母不能以长远的角度来看待孩子成长中所出现的各种问题,就会感到迷惘和失望,就很难有足够的信心去帮助孩子走出困境,获得成长。父母眼界的高度和广度,决定了孩子未来人生发展的高度与广度。

父母要经常问一下自己,我们看待孩子的眼光足够温柔吗?我们是否经常带着一种挑剔的眼光审视孩子?父母如果发现自己的眼光比较冷漠而不够温暖,就要努力去改变自己,用自己眼中的柔情把孩子融化,拉近亲子之间的距离,给孩子的心灵注入源源不断的成长动力。

父母不仅要爱孩子，还要喜欢孩子

父母能给予孩子最重要的，就是"被爱的感觉"以及在自己家里"安全的感觉"，无论世道怎样变幻，家始终是避风港。同时，父母对孩子的爱需要在微观的层面上具体化，通过一系列和孩子充满情感和创造力的微观互动，建立起一种积极、安全、稳定的亲子关系，以促进孩子人格的健康成长，为孩子将来的独立和进入社会做好准备。如果孩子在童年时没有受到足够的爱和呵护，那么他心中"爱的瓶子"可能会一直空着，爱人和接受爱的能力就会受到永久的损伤。孩子正是在被爱中学会如何爱人的。爱的缺乏会导致心灵的疾病，这也是人类所有的憎恨、罪恶、悲伤与痛苦的根源所在。

父母不仅要爱孩子，还要喜欢孩子。喜欢源于爱，有爱才会去喜欢，父母对孩子的爱要通过喜欢的方式表现出来，否则，孩子很难感受到父母的爱。另外，父母如果不喜欢孩子，就很难去理解和接纳孩子。所以教育孩子先要喜欢上自己的孩子，愿意跟孩子说话和一起做事情。如果你为孩子做的一切都只是出于责任和义务，做的过程不开心，无法享受跟孩子在一起的乐趣，孩子最终会感觉到你的不开心和不情愿，那么就无法从你的陪伴中感到轻松和快乐，这样反而会给孩子的心理造成负担和压力，会引发孩子的内疚感和罪恶感，如此一来，孩子为了减轻自

己的心灵负担，可能会选择跟你保持距离，不要你的陪伴。孩子
会认为这样对你好，对自己也好。

　　喜欢孩子比爱孩子更加困难，爱是出于本性，而喜欢则是出
于接纳、好奇与包容，是出于对生命本身的尊重和热爱。

心疼整个世界

生存一直都是我们人类生活的根本问题。虽然它是每个生命不可逃避的问题，但它不应该成为所有生命唯一重要的问题。当我们的生产能力和科学文明发展到一定程度的时候，生存危机已经不再是我们生活面临的最主要困难，如果我们还是把"自我生存"作为行为和心理的唯一出发点，我们的发展潜能以及过上更加自由美好生活的可能性就会受到限制。

我们可以看到，正是为了"自我生存"，我们被教育要关心个人的生存利益，关心自己的家庭、自己的小团体，最后导致整个世界四分五裂，产生这么多的痛苦和斗争，结果反而使更多人的健康生存受到了威胁。如果我们教育所有的孩子都来关心整个世界和人类的生活，那么世上也许会少许多的斗争和灾难，全人类都能团结一致地把时间和精力用在建设美好生活和地球家园上。

只关心个人和小范围的利益和生活，其实就是一种分裂的思想，把自己或者自己从属的小团体从整个世界中隔离出来，这种隔离的思想导致了冲突和冷漠。这种隔离不是源于爱，而是源于害怕个人生存受到影响，是一种受伤害后的次发反应行为。

当父母教育孩子要多关心孩子自己的时候，一方面，是在教给孩子自我保护的能力，另一方面，也是在教育孩子跟世界保持距离，让孩子不要去爱这个世界和他人，这就会在孩子的心灵之中种下一颗自私、分裂的种子，当孩子长大后，他可能就会给世界以及自己带来斗争和痛苦。从个人长远的人生幸福以及整个世界幸福感的提升来说，这种"自私"的态度是非常有害的，会阻碍孩子从关心整个世界的行为中获得价值感、意义感和幸福感，也不利于整个世界的和谐发展。

　　培养孩子心疼整个世界的态度与胸怀，那么孩子将成为一个全新的人，不仅可能获得人类所能想象的最幸福的生活，同时也将创造出一个更加美好的世界。

助人是通向世界的入口

助人是一种爱的行为，是个体与他人及世界建立关系的基本途径，也是一个人走向广阔世界的通道之一。当一个人无法为他人及世界提供帮助时，他其实是被困在不能逃脱的个人世界里，活在狭隘的自私自利之中。

父母教育孩子的关键是把孩子推向世界，让孩子能够融入社会之中。因此，培养孩子助人的行为，是帮助孩子成为一个真正的社会人的捷径。同时，培养孩子关注他人与社会，会拓宽孩子的胸怀，让世界进入孩子心中，这样孩子才能真正拥有一个有价值、有意义的幸福人生。

让孩子拥有助人的品质，最简单的方法就是父母拥有博爱之心和乐于助人的行为习惯。父母这么做，就为孩子树立了一个光辉的人生榜样，这是送给孩子的人生财富。

另外，当父母这么做时，父母自己会更快乐，生命的价值感和意义感也会得到增强，父母自身的能量和活力也会提升，这些是教育孩子、滋养孩子的能量源头。

如果父母只为自己和单个家庭考虑问题，并以之作为所有行为的唯一出发点，在某种意义上，他们已经限制了孩子心灵提升和发展的空间，让孩子形成只为个人而活的世界观和人生观，这会削弱孩子的成长动力，也会阻碍孩子获得更加幸福而满意的人生的机会。

　　泰戈尔说："我们必须奉献于生命，才能获得生命。""我把小小的礼物留给我所爱的人，大的礼物却留给所有的人。"——这是一种重要的人生领悟与智慧。助人就是助己。当你甘愿为世界奉献你自己，世界才会接纳你，你也就真正拥有了世界。

成为孩子珍惜时间的榜样

时间就是生命，对待时间的态度，就是对待生命的态度。有什么样的时间观，就意味着拥有什么样的人生观与价值观。父母对待时间的态度，会对孩子生命态度的形成产生很大的暗示，影响孩子对生命时间的安排与使用，从而决定孩子的人生发展。

首先，如果父母浪费时间，或者错误地使用时间，那么意味着父母正在按一种错误的方式生活，也意味着父母并不珍惜自己的生命。那么，父母也就很有可能让孩子变得不珍惜时间，不珍惜自己的生命。既然父母可以浪费自己的生命，那为什么孩子不可以呢？

其次，当父母把时间花在没有价值的事情上时，人生就会停滞不前，情感正能量和生命力就会削弱，父母就很难成为孩子生命中的理想人物，同时也会失去成为孩子人生引路人的能力。父母要用自己的生命影响孩子的生命，用自己的成长引领孩子的成长，如果父母放弃学习和成长，那么孩子很可能会跟随其后。

最后，当父母把时间花在其他无关紧要的事情上，也就没有更多的时间花在孩子身上，而孩子的成长过程确实是需要父母投入许多时间和精力的，父母需要为孩子创造一个能够促进他身心健康发展的环境。父母只有合理地安排自己的时间，才能为帮助孩子成长腾出足够的时间，并成为孩子学习如何有效利用时间的榜样。

父母是弓，孩子是箭

黎巴嫩诗人纪伯伦有一首题为《论孩子》的诗，诗中写道：

你们的孩子，都不是你们的孩子，
乃是生命为自己所渴望的儿女。
他们是借你们而来，却不是从你们而来。
他们虽和你们同在，却不属于你们。
你们可以给他们爱，却不可以给他们思想，
因为他们有自己的思想。
你们可以荫蔽他们的身体，却不能荫蔽他们的灵魂。
因为他们的灵魂，是住在明日的宅中，那是你们在梦中也不能想见的。
你们可以努力去模仿他们，却不能使他们来像你们。
因为生命是不倒行的，也不与昨日一同停留。
你们是弓，你们的孩子是从弦上发出的生命的箭矢。
那射者在无穷之间看定了目标，也用神力将你们引满，使他的箭矢迅速而遥远地射了出来。

让你们在射者手中的弯曲成为喜乐吧。

因为他爱那飞出的箭,也爱了那静止的弓。

（卡里尔·纪伯伦,《先知》第四章,冰心译）

父母是弓,孩子是箭,父母和孩子都是生命自身的儿女。孩子借父母而来,但孩子不属于父母,孩子的生命属于他自己。如果父母把孩子的生命限制在自己的身上,那么,孩子也就没有足够的自由和时间去活出自己。每个孩子都有各自的人生使命和意义。因此,父母要对自己对孩子的控制欲和情感需求保持警惕,不要把孩子当成满足自己需求和愿望的工具。

父母需要意识到以下九个方面。

养育孩子不是为了给自己养老。虽然孩子在父母老了以后,有赡养父母的责任和义务,但父母不能出于给自己养老的目的去养孩子,这样会让孩子觉得自己生来只是为了照顾父母,那么,孩子自己的生命目标就变得不重要了。父母虽然给予孩子生命,但是每个孩子都有权利为自己而活,都应该有自己的人生追求,而不应该被限定在为父母养老这个单一的责任上。每个具有健康而完善人格的人不仅能够承担起使自己的人生更加精彩的责任,还要有创造更加美好的世界的社会责任。父母养育孩子的最终目的是让孩子成为一个健康、独立、完善的人,而不是成为自己安度晚年的一个保障。

养育孩子不是为了满足自己的安全感。父母应该成为孩子建立安全感的基础,如果父母需要孩子来让自己对生活和未来感到安全,那么父母的安全感就比较脆弱,也就很难为孩子获得安全感建立良好的基础。所以父母要通过自己的成长与努力,为自己的人生建立稳定的安全感,而不要期待利用孩子来让自己感到安全。

养育孩子不是为了满足自己的自尊心和虚荣心。父母应该在自己的生活和工作之中,通过自己的努力工作满足自尊心的需求,而不要把自己的自尊需求建立在孩子优秀的基础之上,如果这样的话,就会使孩子的成长背上要让父母感到骄傲的沉重包袱。一旦孩子不能满足父母的自尊需求,孩子就很可能受到父母的严厉谴责,这样也容易导致孩子的叛逆和不合作,危害到亲子关系的和谐。

养育孩子不是为了满足自己的情感空缺。父母应该自己努力去创造一种独立、健康、丰富的情感生活状态。这样一方面可以给孩子的情感生活做榜样,并有充足的情感资源可以输送给孩子;另一方面,父母不会把太多的情感需求投注在孩子身上,毕竟孩子的情感还比较脆弱,情感的给予能力还没有发展起来,如果父母对孩子的情感有过多的需求,那么,当孩子不能满足父母的情感需求时,父母就有可能会抱怨孩子无情无义,对自己冷漠,这样不知不觉之中就会给孩子的情感生活带来负担,并容易导致孩子的情感损耗,引发孩子的内疚感和罪恶感,不利于孩子情感的健康发展。

养育孩子不是为了给自己依赖。父母要有能力让孩子依赖,而不是想去依赖孩子,虽然父母在老的时候依赖孩子也是正常合理的,但是在孩子还小的时候,父母要能够自己保持独立,不那么渴望去依赖孩子。这可以帮助孩子学会不那么依赖父母,让孩子比较容易跟父母分离,成为独立的自己,而不会有太多的内疚感和恐慌感。可以说,父母的人格独立了,孩子就更加容易独立。

养育孩子不是为了补偿自己没有实现的梦想。父母的梦想需要自己去实现，如果实现不了，父母就要调整或者放弃自己不可能实现的梦想。每个人的生命时间都是有限的，世界上有许多事情值得去做，通向幸福和有意义的人生道路并非只有一条。人生总有不足，我们需要去接纳它，并放下它，不要把自己的人生梦想和追求强加到孩子身上。孩子应该根据自己的兴趣、爱好和价值观去确立自己的人生梦想，而不是帮助父母去实现他们没有实现的梦想。父母不要用自己的缺憾去约束孩子的人生选择，这对孩子来说是不公平的，也可能使孩子无法实现自己的人生梦想。

养育孩子不是为了愉悦自己，从而让自己感到幸福。父母在养育孩子的过程中，的确能从中获得极大的满足感、成就感和幸福感。但是，父母也要意识到，养孩子的最终目的并非为了自己的快乐，而是帮助孩子拥有一个幸福的人生。父母需要具备一种无私的奉献精神，才能胜任这个伟大的工作。如果父母从自己的快乐出发去养育孩子，那么，当孩子给自己带来麻烦和压力时，父母就会埋怨孩子，就很难无条件地爱孩子，很难持续不断地给孩子输送爱的能量，反而会把自己不快乐的责任推给孩子，影响孩子的幸福感。

养育孩子不是为了让自己的人生变得有意义和有价值。当然，养育出优秀的子女对整个社会来说意义重大，是一件非常有价值的事情。社会进步和世界变得美好，终归要依靠更多的家庭养育出优秀的人。因此，父母一方面要意识到自己养育孩子的巨大意义和价值，另一方面，父母应该要有自己人生的意义追求和价值追求,需要在社会活动和工作中实现自己人生的意义与价值。这样,父母一方面可以为孩子追求人生意义和价值树立榜样,同时也让孩子拥有自由去追求自己人生的意义与价值,而不用承担帮助父母实现他们人生的意义与价值的责任。所以,当父母对自己的人生感到满意,并感到自己的人生非常有意义和有价值时,他们对人生的满足感和幸福感不仅能够滋养自己的生命,也能滋养孩子的生命。

养育孩子也不是为了填补婚姻的裂缝,成为父母维持婚姻关系的纽带。婚姻关系的经营,是父母自己的事情,如果把孩子当成父母婚姻的纽带,就给了孩子一项无法完成的工作,让孩子为父母的婚姻生活负责。一旦父母的婚姻出现问题,孩子就会成为替罪羊,要承受父母的谴责以及自我的谴责。

父母给予孩子生命,但孩子的生命是属于他自己的。父母养孩子,就是帮助孩子过上他想要的生活,拥有更精彩的人生。因此,父母应该成为一张强劲的弓,且不要希望把箭绑在自己身上,而是用力地把孩子"这支箭"往正确的方向远远地射出去,让孩子追寻属于自己的崭新人生。

贰

理解孩子的成长过程

促进孩子健康成长的关键因素

　　美国的心理学家曾经做过一个关于促进孩子成长因素的研究,从 1964 年开始,历时 30 年,研究了 76 位被试者。研究者跟踪记录被试者从出生到 30 岁的整个发展历程以及最终成就,从 76 位被试者中选出最优秀的 6 位,总结归纳这 6 位优秀被试者的父母养育孩子的特点,最终得出父母促进孩子健康成长的 7 条结论。

　　1. 父母的镇定,善于反省,专注——把孩子当人看。

　　2. 父母两情相悦,感情深厚,甚至彼此爱慕。

　　3. 母亲温柔、慈爱、热情并富有同情心——或者说,她能够感受孩子的感受。

　　4. 父母为孩子积极的能力(自信、进取)感到骄傲。正如一个母亲在孩子哭时表现的那样:"她清楚地表达了她的情感。"

　　5. 父母为孩子的创造性和独立性感到愉悦。

　　6. 父母强调纪律而非惩罚。父母应该为孩子做出榜样,孩子们追随父母生活的脚步。

　　7. 至少在最早的几年,父母应该密切关注并且参与孩子的生活。

（摘自《情感依附》中文版推荐序二，

序言作者：吴和鸣）

从这个研究的过程和结论中，我们领悟到以下八个方面。

一、每个孩子的健康成长并非出自偶然，优秀是有条件和原因的。

二、父母是促进孩子成长的最重要因素，父母要承担起教育孩子的更多的责任，而不能把教育的责任完全推给学校。

三、父母自身的人格与情感是影响与促进孩子成长最重要的资源，因此，父母要努力提升自身的人格水平，管理好自身的情感，这样才能为养育优秀孩子奠定可靠的基础。

四、父母之间感情的亲密程度对孩子的身心发展影响很大。当父母能够相爱时，父母将有能力给予孩子更多的爱；如果父母之间感情冷淡，那么父母爱孩子的能力会受到损害。

五、父母要培养自己对孩子，甚至对整个世界温柔、热情、慈悲、同情等的情怀。一方面，父母给孩子做示范，成为孩子学习的榜样，因为以上这些情怀是成为一个优秀的人必不可少的素养；另一方面，只有当父母拥有这些品质时，他们才能有效应对和解决养育孩子过程中的各种挑战和困难。如果父母没有以上这些美好品质，就很难胜任培育优秀的孩子这项伟大而艰巨的工作。

六、父母要尊重孩子独立自主、成为自己的愿望，不强迫孩子服从，勇于让孩子自己面对人生的问题，并为孩子的独立性和创造性感到骄傲，同时不期望孩子成为跟自己一样的人，像自己一样地生活。

七、重视身教，想要孩子做到的自己先做到，父母通过自己的行动引导孩子主动跟随，而非通过批评和惩罚让孩子听话和顺从。

八、愿意为孩子的成长付出时间和感情，积极参与到孩子的生命活动之中。从孩子的早年，父母就应该进入孩子的心灵世界，成为孩子心灵世界中重要的一员，为孩子的心灵发展提供动力和情感支持。父母要理解：不管孩子是处于人生的早期，还是长大之后，他们的心灵都是需要父母的陪伴、鼓励和支持的。

虽然促进孩子健康成长和优秀的因素还有很多，但是这个研究所得出的结论对于父母如何养育健康的、优秀的子女具有很大的启发意义。父母可以检查自身的人格特质以及养育行为的特点，了解自己所拥有的因素以及还不具备的因素，然后进行完善和提升，那么，养育出健康优秀孩子的愿望也更有可能实现。

父母的陪伴对孩子身心健康成长至关重要

　　20 世纪 50 年代末,美国心理学家哈洛与同事用恒河猴做实验。他将一只刚出生的婴猴与猴妈妈分开,放进一个有隔离层的笼子里养育,在以后的 165 天让婴猴只跟一只"铁丝母猴"和"绒布母猴"在一起。实验者在铁丝母猴的胸前安装了一个可以提供奶水的奶头,婴猴可以 24 小时从那里获得营养。刚开始,婴猴多围着"铁丝母猴",但没过几天,令人惊讶的事情发生了:婴猴只在饥饿的时候才到"铁丝母猴"那里喝几口奶水,其他更多的时候都是与"绒布母猴"待在一起;婴猴在遭到不熟悉的物体(一只木制的大蜘蛛)的威胁时,会跑到"绒布母猴"身边并紧紧抱住它,似乎"绒布母猴"会给婴猴更多的安全感。

　　哈洛在这个"代母养育实验"中观察到了一些问题:那些只由"绒布母猴"抚养大的猴子不能和其他猴子一起玩耍,性格极其孤僻,甚至性成熟后不能进行交配。后来,哈洛对实验进行了改进,为婴猴制作了一个可以摇摆的"绒布母猴",并保证它每天都会有一个半小时的时间和真正的猴子在一起玩耍。改进后的实验表明,这样哺育大的猴子基本上正常了。

　　哈洛等人的实验研究结果,用他的话说就是"证明了爱存在三个变量:触摸、运动、玩耍。如果你能提供这三个变量,就能满足一个灵长类动物的全部需要"。

哈洛的实验虽然是在猴子身上完成的，但是对父母如何养育出健康的孩子也具有很大的启发性。父母养育孩子不能只停留在喂饱的层面，要让孩子健康成长，父母还要经常陪伴、拥抱、抚摸孩子，跟孩子一起交流互动，给孩子提供一个丰富的成长环境，给孩子的各种感官通道以积极的刺激，让孩子能够充分感受到父母的存在，并能够从父母那里获得保护和安全感。孩子的成长不仅要获得感官生理上的满足，还要体验到愉快的情感。父母要尽量避免在孩子年幼时与孩子长期分离，长期分离会导致"分离焦虑"，让孩子变得特别"黏人"，对孩子的心理正常发展和安全感的形成都会产生消极影响。

每个孩子出生的时候，他还没有跟世界与他人建立联系，他的内心世界是空空荡荡的，如果没有父母的陪伴、互动，孩子就无法建立起适应性的心理空间，可以说，没有父母的陪伴，孩子在生理上和心理上都很难获得健康。对父母建立起的依恋是保障孩子心理正常发展的基础。

父母要在孩子小的时候，就参与到孩子的生活中去，进入孩子的内心世界，成为孩子内心世界的重要一员，成为孩子心灵的支持者、欢呼者与抚慰者，成为孩子心灵世界的一块稳定的压舱石。当在生活中遇到困难时，孩子就可以唤醒内在的父母影像以及父母曾经给予他的爱、温暖与支持，那么，孩子就可以从中重新获得勇气与力量渡过难关。

陪伴本身就是教育孩子的过程，所以，父母不要刻意地把所有陪伴的时间都变成教育时间。严格的教育反而会影响父母陪伴孩子的质量，如果教育方式、方法不对，更加会成为陪伴的挡路石，影响亲子关系的建设。高质量的陪伴应以孩子为中心，满足孩子的心理需求,父母要腾空自己的心灵,集中注意力去倾听与理解孩子,与孩子一起游戏玩耍。倾听、理解与玩耍,就是向孩子表达爱的最佳途径,也是最佳的陪伴方式。

　　父母要简化自己的生活欲望,否则就没有多余的时间与精力去陪伴孩子。孩子需要父母跟他一起存在与生活,这样,孩子的人生才会完整。父母如果错过了陪伴孩子成长的最重要时刻,那就意味着永远错过,这将是一生都无法弥补的损失。

贴近孩子前进的步伐

有一个寓意深刻的绘本故事,名字叫作《安的种子》:

老师傅分给本、静、安每人一颗古老的莲花种子说道:"这是几千年前的莲花种子,非常珍贵,你们去把它种出来吧。"

拿到种子后⋯⋯

"我要第一个种出来!"本想。

"怎样才能种出来呢?"静想。

"我有一颗种子了。"安想。

本跑去寻找锄头。

静想要挑出最好的花盆。

安把种子装进小布袋里,挂在自己的胸前。

本把种子埋在雪地里。

静去查找种植莲花的书籍。

安去集市为寺院买东西。

等了很久,本的种子也没有发芽。等不到种子发芽的本愤怒地刨开了地,摔断了锄头,不再干了。

"我一定会种出千年莲花的。"静想。静将选好的金花盆搬来，放在最温暖的房间里。

安接着清扫院子中的积雪。

静用了最名贵的药水和花土，小心地种下了种子。

安和以前一样做着斋饭。

静的种子发芽了。静把它当成宝贝，用金罩子罩住它。

清晨，安又早早地去挑水了。

静的小幼芽因为得不到阳光和氧气，没过几天就枯死了。

晚饭后，安像往常一样去散步。

春天来了……

在池塘的一角，安种下了种子。

不久，种子发芽了。安欣喜地看着眼前的绿叶。

盛夏的清晨，在温暖的阳光下，古老的千年莲花轻轻地盛开了。

孩子就像是一颗千年莲花的种子，它蕴含着人类应具有的潜能和奇迹，在适宜的条件下，会开出美丽的花朵。

种子能否顺利发芽、成长、开花，关键在于父母能否给它提供合适的时机和环境。如果像故事中的本，总想着第一个把它种出来,却不顾时间和环境,在冬天把它种在寒冷的雪地里,它自然无法发芽。如果像故事中的静,不顾种子生长的规律,把它关在"金罩"之中,以为是为种子提供了最佳的环境,结果它枯萎了。父母应该像安一样:带着感激之心,把种子装进小布袋里,挂在胸前;并且能够从容地去买东西、扫雪、做斋饭、挑水,依然能够悠然和优雅地享受生活之美;然后在春天,把它种在池塘里。这个故事告诉我们,要心怀希望、有所追求,但同时又要淡定从容、顺其自然,学会在合适的时间做合适的事情,既不冒进也不偷懒,让一切恰如其分地发生。

我们很多父母在养育孩子时,是不是跟本或静很像呢?急功近利,只想争"第一"和"最好",却不顾孩子的实际需要,结果反而把孩子的正常成长规律给破坏了。每个孩子都有自己的生活时区,也都有自己成长的速度与方式。孩子相对于大人,步伐小而慢,父母走得太快、太急,孩子在后面就会跟得很辛苦。父母需要有意识地调整自己前进的步伐,才能与孩子的前进步伐保持协调。

孩子注重当下的感受与快乐,所以想要慢慢往前走;而父母更注重将来的成功与幸福,希望孩子拼命向前奔跑。因此,父母与孩子之间,经常会因为节奏不一致,产生许许多多的矛盾冲突。父母看待世界与生活的方式也跟孩子不一样,随着年龄和经验的增长,父母会有更多基于过去的人生经验和记忆生活,因而时间会过得越来越快。不可避免,父母也会带着这种快速的态度去要求孩子的生活与成长。而孩子刚好与成人相反,在孩子的眼里,每一天的时间都很漫长,生活的脚步很慢,每件小事都很生动有趣,他们不是生活在对过去的怀念以及对将来的期盼之中,而是活在当下的每一个片刻之中。因而,父母会经常责怪孩子做事慢慢吞吞,走路总是东张西望,希望孩子能够全力全速前进。

父母进入孩子的生活之中,需要放慢自己前进的脚步,放下自己过去的经验和记忆,这样才能更好地靠近孩子的心灵,跟孩子的脚步合拍,否则就会不知不觉地用自己的经验、节奏和时间观念去要求孩子,拽着孩子往前奔跑,结果让孩子变得很累,很不快乐,并影响了孩子身心的健康成长。

人生不仅要奔向前方的目标,更要欣赏沿途的美丽风景,当下的每一步都是弥足珍贵的,都值得好好欣赏与品味。所谓人生就是每个人自己走过的道路,看过的花,品尝过的美食,交往过的人,而不是远方的某个终点。

让孩子在体验中成长

　　生活就是体验，成长的过程就是体验的过程。每时每刻的体验，一点一滴的凝聚，汇成生命的河流。如果体验很少，生命的河流就会干涸；如果体验丰富而深刻，生命的河流就会汹涌澎湃，呼啸着奔腾向前。

　　生命的河流流过什么地方，河水中就会加入这个地方的元素和色彩。如果生命流过花海、森林，河流之中就会有花瓣和树叶；如果河流流过肮脏的地方，河水也会被污染。那么，父母有没有思考过以下问题呢？

- ✔ 我们的孩子每天体验到的是一种什么样的生活呢？
- ✔ 我们给孩子的生活体验创造了什么样的环境和条件呢？
- ✔ 我们如何让孩子体验到更加丰富而深刻的人生？
- ✔ 我们的孩子的生活体验是积极的还是消极的呢？
- ✔ 我们如何避免不利环境和事件对孩子的心灵所造成的影响？

    ✓   孩子在每天的生活中能体验到爱和祝福吗？

    ✓   我们如何让孩子体验到一种更加真实而积极的生活？

以上这些问题都很重要。不同的体验塑造出完全不同的心灵，也成就了不同的人生。一个人经历了什么，他就成为什么，过往的经历会塑造出我们各自不同的人格、自我、思维、情感和关系，我们也无时无刻不在被我们的体验改变和重新塑造。

因此，当开始养育一个孩子时，父母就需要为孩子创造一个适合其健康成长的家庭环境、人际环境、心理环境、情感氛围等，让孩子在环境中能够获得正面的、积极的、美好的体验。当孩子遇见并经历了美好的事物和生活时，这些事物就会进入孩子的心灵之中，成为孩子人格和内心世界的一部分。

如果在孩子的成长过程中，有很长一段时间的体验是空白的、单调的，或者是孤单、冷漠、痛苦和沮丧的，那么这些也将成为孩子人格的重要部分，对孩子的性格、人生观、价值观、情感模式和关系模式等产生负面影响，会成为孩子人格中黑暗的一面。孩子心中这个"黑暗面"越大，孩子对人生、对世界就会越消极悲观，心灵也就会越抑郁和苦闷。虽然后来的人生体验有机会将其覆盖、调整或者重写，但是早期的经验并不会完全消失，它有可能成为人格永远的一种背景底色，对一个人的人生带来持续的影响。

对于每个人，有三种人生体验对个人成长的影响最为重要。

一是关系体验。关系是促进孩子成长的核心因素，既是人生动力的主要来源之一，也是孩子人格成长的摇篮。父母与孩子建立的亲子关系，以及孩子与老师、同伴、重要他人建立关系的模式和互动性质，都会对孩子的体验产生决定性的影响。

二是情感体验。情感体验和关系体验是紧密相关的，关系的性质与质量都是由情感决定的。如果孩子在各种关系中，体验到爱、喜悦和幸福，那么孩子的人格之中就会融入爱、喜悦和幸福，慢慢地，孩子也就拥有了给他人带来爱、喜悦和幸福的能力；如果孩子在关系中体验到了恨、恐慌、焦虑、抑郁和悲伤等负面情感，那么孩子心灵的河面也会漂浮着这些东西。虽然说各种情绪都有它们的作用，每个正常的人都会体验到，但是体验更多的爱与幸福才是我们人生的目标所在。

三是环境体验。这个环境主要包括家庭环境、自然环境和社会环境三个方面。从小开始，父母就要带领孩子去体验广阔的自然环境和社会环境，引领孩子欣赏自然之美和社会之美，让孩子的心灵充分体验现实世界，这些都将成为孩子心灵世界的重要元素。另外，更加重要的是要为孩子创造良好的家庭环境，家庭环境也可分为物质环境和心理环境两个方面：一方面，父母要尽自己的最大可能，美化家庭，让家变得干净、整洁、美观和舒适，让孩子住得舒服；另一方面，是看不见的，就是父母要保持良好的心态，创造温暖和温馨的家庭气氛，让孩子轻松、宁静、快乐地成长——其实这种心理环境比物质环境更加重要，更能影响孩子的心理体验质量。为人父母是一项很辛苦的工作，父母需要为孩子付出很多的时间和精力，才能创造出一个促进孩子健康成长的环境，不断深化和拓展孩子的人生体验，让孩子在各种体验之中全面成长，拥有充实而丰富的心灵。

所以，提供给孩子高质量的童年生活体验，是父母养育孩子的核心工作。我们要将自己的人格、情感、生活以及所创造的家庭环境、生活世界提供给孩子,让孩子充分地去感知和体验。要知道,我们给孩子体验什么,孩子往往就会成为什么样。

自主性与自发性

一个人自主自发地做事情，是拥有独立心灵的标志，意味着在其心灵内部有一个自发的启动中心，能够驱使其向自己独特的人生目标迈进。一个人也只有当他能够自主地选择做自己想做的事时，才会感到自己拥有选择人生的自由与权利，才会感到快乐与幸福。否则，不管做什么，他都会感到痛苦与受到约束，感觉自己的人生是被压迫与限制的。因此，培养孩子的自主性与自发性是一个重要的发展目标。

但是，在养育孩子的过程中，父母往往会担忧孩子做出错误的选择，影响到孩子的人生成长，以至于孩子无法被社会与他人所接纳。因此，父母会把限制孩子的自主权、控制孩子的行为作为自己养育孩子的要务。孩子的成长确实需要有界限，有界限孩子才会更加安全，不会走上歧路。但是，如果父母总是通过控制与下达命令的方式养育孩子，那么孩子要么变得过度顺从与依赖，要么变得叛逆与不合作，这两种结果都无法培养孩子自主自发做事的能力，最终将影响孩子正确选择自己人生道路的能力。

因此，仅仅通过控制和要求的方式来教育孩子是不够的，教育孩子还需要给孩子提供一定的自由空间，给孩子一些自主选择与决策的机会，这样，孩子才能在自主选择的过程中提升判断力和决策力,才能真正为自己的人生承担起责任。如果一切都由父母控制和决定,孩子就不需要为自己的人生负什么责任,他的自主性与自发性也就根本无法形成。

合理的教育应当在限制与顺其自然之间找到适合孩子的平衡点,这样对孩子的健康成长才是最好的,既能帮助孩子适应现实社会的需求,又不压抑孩子的自然本性。孩子也只有学会自发自主地去思考和做事,主动承担自己人生的责任,才能真正拥有自由与幸福。

孩子最不可爱的时候，也是最需要爱的时候

有一个关于一位老师和一位学生的故事：

许多年前，汤姆逊老师对着她五年级的学生撒了一个谎，说她会平等地爱每一个孩子。但这是不可能的，因为前排坐着泰迪·史塔特——一个邋遢而且上课不专心的小男孩。事实上，汤姆逊老师很喜欢用粗红笔在泰迪的考卷上画一个大大的叉，然后在最上面写个"不及格"！

一天，汤姆逊老师查看每个学生以前的学习记录表，她惊人地发现之前的老师给泰迪的评语十分惊人：

一年级老师写道："泰迪是个聪明的孩子，永远面带笑容，他的作业很整洁，很有礼貌，他让周围的人很快乐！"

二年级老师说："泰迪很优秀，很受同学欢迎。但他的母亲罹患了绝症，他很担心，家里生活一定不好过！"

三年级老师说："母亲过世泰迪一定很难过，他努力表现，但父亲总不在意。若再没有改善，家庭生活将严重打击泰迪。"

四年级老师说:"泰迪开始退步,对作业不感兴趣,没有什么朋友,有时在课堂上睡觉。"

直到此刻,汤姆逊老师才了解到泰迪的困难,并为自己从前对泰迪的态度深感羞愧。而当她收到泰迪的圣诞礼物——别人的礼物用丝带及包装纸装饰得漂漂亮亮,泰迪的礼物却是用杂货店的牛皮纸捆起来的——汤姆逊老师更觉得难过。

汤姆逊老师忍着心酸,当着全班的面拆开泰迪的礼物。有的孩子开始嘲笑泰迪送的圣诞礼物:一条假钻石手链,上面还缺了几颗宝石,另外是一瓶只剩四分之一的香水。但是汤姆逊老师不但惊呼漂亮,还戴上手链,并喷了一些香水在手腕上,其他小朋友全愣住了。

放学后,泰迪留下来对汤姆逊老师说:"老师,你今天闻起来好像我妈妈!"泰迪离开后,汤姆逊老师整整哭了一个小时。

从那天起,汤姆逊老师开始特别关注泰迪。而泰迪的心似乎重新活了过来,汤姆逊老师越鼓励泰迪,泰迪的反应就越快。到了学年尾声,泰迪已经成为班上最聪明的孩子之一。虽然汤姆逊老师说过她会平等地爱每一个孩子,但泰迪是她最喜欢的学生。

一年后,汤姆逊老师在门口发现一张字条,是泰迪写的,上面说汤姆逊老师是他一生中遇到的最棒的老师!

六年过去了,汤姆逊老师又收到另一张泰迪写的字条,泰迪已经高中毕业,成绩全班第三,而汤姆逊老师仍然是他一生中遇到的最棒的老师!

四年后,汤姆逊老师又收到一封信,泰迪说有时候大学生活并不顺利,但他仍坚持下去,而不久的将来他将获得荣誉学位!他再一次告诉汤姆逊老师,她仍然是他一辈子遇到的最棒的老师!

四年过去,泰迪又来了一封信,他在信里面告诉汤姆逊老师,大学毕业后他攻读了更高的学位,他也不忘再说一次,汤姆逊老师还是他一生中遇到的最棒的老师,而这封信的结尾多了几个字:泰迪·史塔特博士。

故事还没结束呢!你瞧,这年春天泰迪又来了一封信,信中说他遇到了生命中的女孩,马上要结婚了。泰迪解释说,他的父亲几年前过世了,他希望汤姆逊老师可以参加他的婚礼并坐上属于新郎"母亲"的位置。汤姆逊老师完成了泰迪的心愿。但你知道吗?汤姆逊老师竟然戴着当年泰迪送的钻石手链,还喷了同一瓶香水——泰迪母亲在过世前的最后一个圣诞节用过的香水。

他们相互拥抱,史塔特博士悄悄在耳边告诉汤姆逊老师:"汤姆逊老师,谢谢你相信我,谢谢你让我觉得自己很重要,让我相信我有能力去改变!"

汤姆逊老师热泪盈眶地告诉泰迪:"泰迪,你错了,是你教导我,让我相信我有能力去改变——直到遇见你,我才知道怎样教书!"

孩子的成长需要有人关注和见证，并给他注入爱的能量。如果孩子的生命中失去了这样的人，成长就很难发生。

孩子的"不可爱"是结果，是症状。从根本上讲，一个孩子变得"不可爱"，最可能的原因是没有获得足够的、恰如其分的"爱"，所以，他们会用"不可爱"的方式进行反抗，或者用"不可爱"的行为进行自我拯救，希望能够引起他人的关注，重获被爱的机会。孩子对自身"不可爱"的行为可能导致他人不舒服的感受是不太能够意识到的，结果越是"不可爱"的孩子，越容易遭到他人的讨厌与忽略，从而陷入一种"恶性循环"。

因此，如果父母因为孩子的"不可爱"，就讨厌、责备、批评和冷落他，那么这些只会让孩子变得越来越"不可爱"，这对孩子的改变和成长是没有帮助的，反而会让孩子想要用更加令人讨厌的行为去报复父母，或者干脆"破罐子破摔"。因此，在孩子变得最"不可爱"时，父母更要怀着一颗慈悲和包容的关爱之心，去理解孩子内心深处对爱的渴望，这样才有可能帮助孩子从"不可爱"中解放出来。唯有父母的"爱"才可以使孩子的"不可爱"变为"可爱"，缺乏爱，心灵的完善与成长是不可能发生的。

另外，父母也要学会反省。如果孩子的"不可爱"是因为父母自己的心情不好，或者是由父母对自己身上的一些类似于孩子的行为的不接纳所导致的，那么父母就要尽快调整好自己的情绪状态，学会自我接纳，否则，父母就会把自己的坏情绪和不接纳的部分投射到孩子身上，并误认为是孩子的问题。当父母更能接纳和喜爱自己时，他们也会更有能力去接纳和喜爱孩子。

只有持续成长，才能带来心灵的宁静与喜乐

一个孩子要想在每天的生活中获得平静与幸福，有两个条件是非常重要的：一个是在各种关系中获得认同与理解；另一个是持续健康地成长，做正确的事情，走正确的道路。这两个条件都要父母的协助才能做到。

第一个条件，比较容易理解，我们每个人只有获得他人一定程度的认同，才会觉得自己是社会的一员，才不会感到自己是孤单的另类。同时，当我们的心灵与情感被他人理解时，我们才会觉得自己的思想和情感是与他人一致的，自己没有在胡思乱想或者没有处于精神错乱之中。我们每个人都有因被他人否定和误解而心烦意乱的经历。被认可和理解，意味着被爱与尊重，这是每个心灵的根本需求之一。当它被满足时，就会给人带来平静与幸福。因此，父母对孩子的认同与理解，是一个孩子童年幸福生活的根基所在。

第二个条件，为何说只有当一个人持续健康地成长，做正确的事情，走正确的道路，才会感到平静与幸福呢？这是由生命的本性所决定的。生命是无法静止的，所谓生命就是一个生生不息的过程，而不是一种静止的状态。静止不动其实是与生命自身相违背的，因此，可以说是一种病态的现象。生命最根本的愿望是不断地体验一个更大的世界和更加丰富的生活，而停滞不

前是与生命的根本愿望背道而驰的,因此,它不会给人带来满足与幸福,反而会让人感到空虚、不安和烦恼。所以,当一个成人或孩子,在人生道路上失去了学习与成长的动力,原地踏步时,无聊、空虚与痛苦就会前来拜访,使其根本无法获得心灵的宁静与幸福。相反,当一个人走在成长的路上,持续地体验着自己想要的生活与人生时,对他来说,每一分钟、每一小时、每一天都是充实而幸福的,在每一分钟里,他都是在真正地活着,他对自己的生命感到满足、满意,他的心灵自然就会平静下来,并充满幸福的感觉。

可以说,一个人心灵的宁静与幸福,是自己走出来的。他只有做符合自己内心渴望的事情,走在自己心灵认可的人生道路上,做他自己心灵认可的事情,他才会对自己满意,对生活满意,对世界满意,那时,宁静与幸福就会降临到他的身上。

塑造孩子崇高的精神品格

精神品格决定了一个人灵魂的高度,是人格发展水平的标尺。当一个人的精神品格较高时,他才能呼吸高空的空气,心灵才能更加自由地飞翔。相反,如果一个人的精神品格较低,他的人生就可能被限制住。

一个具有高尚精神品格的人应该拥有哪些特质呢?

首先,他不应该只是关心个人的生活,而是应该心怀天下。他的精神世界里不应该只有"我",还应该有"我们""他"和"他们",应该关心全人类与整个世界的命运与发展。

其次,他的生活方式会尽最大可能地去"存在",而非"占有"。他不会把"占有"更多的金钱、物质、权力作为人生成功与幸福的标准,而是尽最大可能地投入世界的"存在"之中,追求实现"存在"更高的意义与价值。

再次,要有强大的爱的能力。不仅能够爱身边的人,还能够爱整个世界,爱全人类,爱动物,爱植物,爱这个地球,爱整个宇宙。理解"爱"是生命的本质,感受"爱"和传播"爱"。

最后,要有奉献精神。愿意为创造出一个更加美好的环境贡献自己的力量,并为实现这个愿望而努力工作。

作为父母,如何塑造孩子高尚的精神品格呢?父母要培养孩子从小就关心世界与他人命运的意识,让孩子感受到自己正生活于世界的"大爱"之中，理解每个人都是世界的一分子，每个人的命运与幸福都是与世界紧密联系在一起的。当然，父母首先也要是这种精神品格的实践者，父母是一个什么样的人比他做什么、说什么更加重要。

塑造孩子坚强品格的两个条件

坚强是人格完善、成熟发展出来的一种功能。

如果孩子由于胆小和懦弱，总是向他人妥协，那么，孩子为了维持外在关系的和谐与平静，就必须牺牲掉内在的和谐与统一。他无法再坚持自我，成了碎片，外在世界的强力把孩子的自我打碎，孩子的每个碎片都是对外在世界的被动反应，但他无法把它们连成一个统一的整体。所谓人格和自我就是一个孩子的整体感觉，如果孩子无法自由地感受和体验生活，他的感受和体验总是被决定和压制，那么，他的人格和自我也会被控制和扭曲。每个人都渴望自由地去感受和体验自己想要的生活与世界，如果失去了这种自由，他的心灵就会处于痛苦和绝望之中。

那么，一个人的坚强是如何锻造出来的呢？

一方面，一个人在成长过程中获得爱和支持，他的人格发展就会比较完善，对自己的能力就会充满信心，在遇到困难和挫折时就能够比较坚强地面对；另一方面，坚强既是人格完善发展的成果，也是在生活中不断地承受压力和痛苦之下磨炼出来的一种能力。如果一个人的人生一帆风顺，从来没有遇到过挫折，他就无法获得面对挫折的能力，就很容易被打败。以上两个条件对一个人坚强品格的形成都很重要，一个人既要有人爱和支持，同时也要经历艰难险阻，在爱与挫折的双重作用下，才能铸就坚强的品质，缺少任何一个条件，这种优秀品质都很难形成。

有一个关于小马驹出生的故事：

> 小马驹刚生下来时，使劲地支撑前肢，力图站起来，但很快倒下了。起来，倒下，又起来……一次又一次。这时，母马走上前去，用鼻子对着湿漉漉的马驹喷出气来。小马驹嗅到母亲的气味，更加用力了，两条后腿也支了起来。四条腿弯弯地叉开着，然后重重地摔倒。这样反复了几次，小马驹终于站稳了，并朝妈妈那里走出几步，接着又摔倒了。而母马看到小马驹向它走来，不是迎接，却是向后退步，小马驹贴近一步，它就后退一步；小马驹倒下了，它又前进一步。有人见母马故意折腾小马驹，让这么小的生命遭罪，就想过去搀扶一把，养马人却拦住了他，说："一扶就坏了。一扶，这马就成不了好马了！"

摔倒和磨难是每个生命成长过程中必须独自面对和体验的。父母要想培养孩子坚强的品格，就要给予孩子高质量的爱与支持，在孩子受伤后能为之包扎伤口，然后鼓励孩子再次去接受人生的挑战与打击，在一次次的挫败后站起，在站起后倒下的磨炼中，一个孩子才能真正拥有坚强的品格。希望孩子在平平淡淡、懒懒散散中变得坚强，想要没有痛苦而获得成长那是不可能的。

不要怀着恐惧去养育孩子

我们每个人心中都有一些恐惧感,对死亡、疾病、未来、未知、意外、失业、羞辱、陌生人等,虽然它很普遍,但我们都要尝试着去面对它和化解它。我们心里装着越少的恐惧,我们的生命才能拥有越多的自由与幸福。尽管对于每一种恐惧我们都具有一定的自我保护功能,但它也会让我们不敢去接受挑战和拓展人生,会让我们失去许多体验更加精彩人生的机会。

恐惧是孩子心灵成长的挡路石,每一个让孩子感到恐惧的人,每一件让孩子感到恐惧的事,都会让孩子退缩不前。恐惧会封闭并改变孩子的一部分认知,会削减孩子前进的勇气和力量,使世界和他人看起来都不那么美好和友善。当孩子的心灵有了恐惧时,孩子就会调动主要的能量去防御恐惧,把消除恐惧当成人生的主题,那么孩子的学习和成长能量就会不足。为了缓解恐惧,孩子甚至会去依附他人,从而失去了心灵的独立性;或者因为恐惧,把自己关闭起来,导致无法自由地跟他人与世界建立密切联系。

应对心中的恐惧是我们每个人生活中的重要部分。父母在不知不觉中会把自己的恐惧感投射到教育孩子的过程中,本意是想帮助孩子应对恐惧的东西,但是家长的这种"恐惧"本身会成为让孩子"恐惧"的事物。家长的很多恐惧源于过去,是家长自己过去受伤的结果，或者是接受了文化传统中"恐惧"的遗产，或者是家长自己幻想出来的"恐惧"，等等。父母要意识到，孩子的心灵十分脆弱，还没有足够的空间和能力面对这些现实世界的"黑暗面"，这些"恐惧"一旦流入孩子的心灵，就会给孩子的心灵蒙上一层厚厚的阴影，容易让孩子形成消极的人生观和世界观。

因此，父母千万不要怀着一颗恐惧之心养育孩子。恐惧会成为孩子心灵的牢笼，把孩子的安全感和幸福感给摧毁掉，让孩子无法自由自在地成长，成为想成为的人。相反，当孩子心里有恐惧时，父母要努力去理解孩子产生恐惧的原因，并努力协助化解，否则，孩子的心灵就会生活在恐惧的阴影之下。同时，父母自己也要努力放下恐惧去生活，那样才能带给孩子更多的轻松与自由。

乐观源于在关系中被肯定

乐观精神并非只是单纯的观念或者想法,它是一种应对人生和世界的有效模式和强大能力。乐观精神源于个体对自己人生、外在世界、社会环境以及所发生事件变化方向的积极预期和信任,之所以能够做出这种积极的预期,是因为个体看到了事物向好的方向发展的可能性。相反,持消极悲观态度的人,可能因为自己过去经常受伤和被打击,所以产生了一种悲观的思维模式。

对人生持有乐观还是悲观的精神,对孩子的成长发展影响非常大。乐观的孩子会从失败中看到希望,而悲观的孩子会从成功中看到不幸。虽然说两种态度各有作用,乐观让我们对人生充满期待与活力,悲观可以让我们预知到危险和不足,一个人既不应盲目地乐观,也不应过度地悲观。但是,相对而言,人生要前进,乐观的人更加容易获得成长和进步,也更能拥有动力与激情去工作和生活。乐观精神在某种意义上,其实是个人人生健康发展的成果,让个人更加有信心面对世界和未来的人生。

每个人的人生都会遇到失败和挫折,为何有些孩子能够拥有乐观精神,而有些人却没有这么幸运呢?父母如何培养孩子的乐观精神呢?

一方面,父母的人生态度直接影响孩子的人生态度,因此,父母自己要保持一种乐观的精神，不管是对待工作、家庭生活还是对待孩子的成长问题，都要保持一种乐观的态度，这样，孩子就很容易从父母那里学会这种态度。如果父母对世界、人生和孩子都充满悲观的想法，那么想要孩子积极乐观，是不可能的。

另一方面，乐观精神源自孩子对自己的能力和对未来人生发展的信心，只有不断地提高孩子的综合能力，帮助孩子在生活中不断获得成功的体验，孩子才能逐渐积累积极的感受和体验，慢慢地对自己和人生产生自信。如果没有一定的能力作为根基，凭空乐观地认为未来一切都好，那其实是一种自欺欺人的想法，对孩子的成长发展并没有帮助，反而会阻碍孩子正确面对自己的问题，使其逃避到自我幻想中去。

因此，孩子的乐观精神并不是短期可以形成的，或者告诉孩子一个道理孩子就能学会的，它其实是在父母的长期努力下，在亲子关系中，慢慢渗透和塑造的结果。

自我悦纳，是父母送给孩子的一件珍贵礼物

　　培养孩子学会客观、合理的自我评价，是送给孩子一生的珍贵礼物。它让孩子从此变得更加独立和自由，不用再依赖他人的评价生活，也不用把自己人生价值的评判权交给其他人。

　　当孩子无法接纳自己，无法对自己的人生做出合理的评价时，孩子的心理就失去了独立性，他每天的生活就是在寻找他人的欣赏和认可，那么，他就不是因为热爱而学习，而是为了获得他人的肯定而学习；长大以后他也不是为了自己而工作，而是为了获得他人的赞扬而工作。他的生活是围着别人的态度和评价在转动的。当别人给他一点欣赏时，他会感激不尽，兴奋异常；而当别人不能给予认可时，他就会心灰意冷，悲痛欲绝。这样的孩子，他的一生都很难持续快乐和幸福，他的人生幸福和价值是掌握在别人的嘴巴里的，他自己已经把自我价值和人生幸福的最终评判权交给了身边的人。

　　所以，当孩子能够自我悦纳，客观合理地进行自我评价时，孩子才把握了自己人生的主动权，不用依赖别人的评价生活。这样，他才能把时间和能量用在发展自我，做自己认为有意义和有价值的事情上，而不是去做别人认为他应该做的事情。也只有这样，他才能够拥有一个充实而有意义的人生，而不用在别人的观点和评价中生活。

那么，父母如何在孩子的成长过程中，培养孩子自我悦纳的态度和习惯呢？

首先，父母要先接纳孩子。只有父母接纳了孩子，孩子才会接纳自己。如果父母经常批评指责，或者暗中对孩子不满，就会让孩子学会自我贬低和自我排斥。

其次，父母自己要学会自我接纳。如果父母自己不够自信，对自己的人生和能力不能接纳肯定，就不能给孩子树立一个自我悦纳的好榜样。父母做到了自我接纳，孩子也会比较容易做到。

再次，父母要帮助孩子提升各方面的能力。因为自我接纳是建立在对自己实际能力的评估基础上，如果孩子各方面的能力的确不如同龄人，在学习、生活、运动和游戏等各方面都处于劣势，那么他也很难自我接纳。

最后，父母要经常欣赏和肯定孩子的优点和长处，让孩子能够看到自己的优点和长处，并能相信自己的潜能。只有这样，孩子才不会忽略自己的优势。当优点被肯定和见证时，它就会逐渐巩固和明亮起来，孩子就不容易被失败、挫折和缺点所淹没。

孩子学会自我悦纳，他的心灵就拥有了一套强大的自我保护装置，就能够正确对待他人的批评和抵御他人贬损的攻击，不会轻易破碎和崩溃。

塑造孩子的正面行为

孩子的正面行为不会凭空出现，每一个行为的发生都是有它产生的原因和条件的。如果父母希望孩子学会某种目标行为，就要思考如何创造条件，设计可操作的塑造步骤和强化措施，让这种目标行为逐渐在孩子身上巩固下来。

在行为主义心理学中有一种"行为塑造法"，一种"目标行为"的塑造要按以下步骤进行。

1.定义目标行为。

2.确认初始行为。即个体已有的与目标行为有关的动作，可以其为基础向目标行为推进。

3.选择塑造步骤。塑造过程中的各个步骤之间所体现出来的改变应适宜，太小会费事，太大可能会导致个体停滞不前。

4.确定强化刺激物。孩子每次达到预期的目标，都要马上对之加以强化，刺激的量要适度，以免孩子太容易得到满足而不思进取。

5.实施塑造。从初始行为开始，要对行为的每一个过程都加以强化，直到确保该行为已经习得，然后对这一行为停止强化，转而强化下一个行为。

　　父母教育孩子要有目标、有计划、有步骤，还要有决心和毅力，这样才不会让孩子的成长过程只能听凭偶然。父母对孩子的成长计划要深思熟虑，然后认真执行。父母首先要确定希望孩子拥有的正面行为，然后观察了解孩子的心理特点和反应类型，创造条件，积极激发孩子执行正面行为所需的心理动机，当孩子有了初始行为之后，就要对其进行及时的鼓励和强化。在孩子学会最终目标行为之前，孩子可能会先学会一些中间目标行为，父母要保持足够的耐心，一步一步地巩固孩子的变化和成果，不断地给孩子成长的勇气和信心，那么最终的目标行为才有可能被塑造出来。

　　在塑造孩子的正面行为过程中，父母对孩子的信任、鼓励和积极乐观的态度是非常重要的。父母要使用自己的语言、体态、手势等对孩子进行及时的指导，来加速孩子的学习进程，帮助孩子学会目标行为。同时，在孩子遇到困难和挫折，感到灰心丧气时，父母要及时给孩子打气，陪孩子一起面对，化解孩子的沮丧情绪，帮助孩子重新鼓起勇气坚持下去。如果父母也对孩子的失败和反复行为感到泄气的话，孩子就没有充足的能量坚持到底，很可能会半途而废。

　　父母坚持了，孩子才能够坚持。父母要比孩子更能坚持才行。

保持自由与约束的平衡

每个心灵都渴望自由，就像每个生命都渴望呼吸新鲜空气一般。

法国哲学家萨特说，人生而自由，这种自由是选择的自由。在现实生活中，人的生存总要依赖物质和现实的各种关系，绝对的自由是不存在的。如果谁渴望绝对的自由，那他根本无法生活于这个世界之中，他想要逃离与这个世界的所有关系，这既不可能，又没有必要。每个人总是生存于各种关系之中，同时也是在关系之中获得成长和幸福的。

但是，拥有一定程度的自由，对于每个心灵来说又是很重要的，也是必须的。如果一个人一点自由都没有，他就会失去自我的独立性，失去心灵存在的独立空间。这种自由一旦被剥夺，那么，人将会感到自己所有的一切都是被外界和他人所控制的，他将会陷入极度的自我迷失和痛苦之中，他将不再是他自己，他也将感受不到自己是一个独立的人，并且将会面临独立人格丧失的灭顶之灾。

让孩子的心灵保持一定的自由和独立空间，是非常重要的，否则，孩子的心灵就无法获得成长，而且孩子会陷入深深的自我迷失和痛苦之中。如果学校教育和家庭教育对孩子的时间和行为控制得过度严格，就会导致孩子的心灵发展受到压制和扭曲，孩子的自由心灵和独立自我都无法形成，也就失去了作为一个健康、完善的人的核心，这个代价非常大。

当然，孩子的自由也是必须受到一定的限制的，否则，孩子就会变得自我为中心、自我放纵、任性妄为，以为自己想干什么就能干什么，自己拥有绝对的自由，这样的想法和行为不但会给他人带来伤害，同时也会伤害到孩子自己的利益，会让孩子无法适应现实社会的需求，让孩子无法遵守法律、社会规则和正常秩序，结果是让孩子陷入危险与麻烦之中。同时，没有规则与要求，孩子就会认为怎么做都无所谓，自己想怎么活都是被允许的，那么也就用不着努力去促进自我成长了，结果会让孩子放弃磨炼自己，变得一无所长，美好的人生也就可能被荒废了。

自由是每个人都渴望的东西，自由也是成为独立自我与幸福生活必不可少的前提条件。但我们也知道没有绝对的自由，自由总是有边界的。为孩子的行为设置合理的边界，也是一种爱的行为。父母在养育和教育孩子的过程中对孩子的行为需要有一定的限制，但让孩子拥有一定的自由也是必须的，两者缺一不可，要保持合理的比例与平衡。给孩子设置的边界太狭窄，会限制孩子的成长空间；但是边界太宽松，又会让孩子陷入危险的境地。父母爱孩子，就要根据孩子的年龄特点及成长发展需求，为之建立合理的规则与秩序，这是保证孩子身心健康的重要因素。这些外在的规则与秩序将内化到孩子的人格之中，使孩子的心灵变得有秩序，否则，孩子的内心就会陷入混乱状态。

有些父母认为爱孩子，就要给孩子充分的自由，那其实是对自由的误解，会导致孩子的许多正常能力无法被培养起来，使其最终难以适应社会的要求，生活变得艰难。有些父母崇尚放任孩子自然地成长，这其实是一种不负责任的行为。孩子无法回到山林之中像野人那样生活，如果不培养孩子适应现实的本领，那么孩子将无法在现实中生存。社会性已经是正常人性的一部分，父母要协助孩子完成社会化的进程。

另外，有些父母认为教育孩子就是要严格地控制孩子的一切行为，否则孩子就会学坏，这种极端的训练模式同样会导致孩子的人格变得扭曲与病态。孩子会感受不到父母的爱，反而会感受到恨，因此孩子会慢慢失去正常的"爱与自由"的能力。

教育过程就是要把握好约束与自由之间的分寸，在保留孩子的天性与发展孩子的社会性之间找到一种平衡。

顺从与让步

大部分人都渴望别人能够顺从自己,而自己却不愿意顺从他人。他人顺从自己,让我们觉得有控制感、重要感和存在感;而顺从他人,则会让自己感到自主感和控制感的丧失。谁也不愿放弃这种控制感和自主感,因此,人与人之间就会产生争夺控制权的矛盾冲突。

父母与孩子也经常会发生控制权的争夺战。很多父母都渴望孩子能够顺从自己,希望孩子能够按照自己的意愿和原则生活,当孩子不愿意顺从父母的意愿去生活,甚至完全按照与父母意愿相反的方式生活的时候,父母就会感到被冒犯,感觉自己对孩子已经失去了控制,就会发狂和恐慌。父母为何会如此渴望孩子顺从呢?可能是父母内在的不安感、恐惧感,以及对控制感、占有感的追求所导致的。

孩子对大人的顺从具有不同的含义:当孩子是在理解、尊重、让步的基础上顺从时,顺从是成长的表现;如果孩子是出于害怕、软弱、依赖,或者是为了得到奖赏而顺从,那么顺从就是退化和投机的表现。我们要鼓励孩子建立在主动沟通基础上的合作与让步,而不是放弃自我成长式的顺从。父母如果经常强迫孩子顺从,那么很容易导致孩子的人格变得懦弱,孩子的独立人格无法建立;或者使孩子的自主性受到压抑,内心充满了愤怒和怨恨,从而变得非常叛逆和充满暴力,以此来对父母的控制进行反抗。

因此,父母要克制自己对安全感、控制感和占有感的追求,不要求孩子什么事都顺从,而是要给予孩子一定的空间,让孩子可以按照自己的意愿去生活。当亲子之间的生活观点和态度发生冲突时,父母要与孩子进行正面积极的沟通,用理性的态度表达自己的观点和价值观,同时以一种欣赏的态度鼓励孩子表达自己的观点和价值观,这样两代人之间就可以进行价值观的交流与碰撞,并教会孩子用平等协商和互相尊重的方式解决矛盾冲突。当孩子真正理解了父母的价值观和生活原则,并感受到父母对自己的尊重理解之后,孩子会更加愿意选择尊重父母的意愿,并接受父母的价值观。虽然这并不意味着孩子会放弃自己的价值观和生活原则,但是最起码的是孩子学会了妥协和让步。这种基于理性、理解和尊重的让步是一种心智成熟的表现,是一种成长的标志,而不是因为懦弱、退缩和逃避。

父母要觉察到,自己对他人顺从的需求,在某种程度上是源于自己内心的自恋、脆弱和不安全感,因此,不要什么事情都强迫孩子顺从,同时也不要对孩子的不顺从行为感到苦恼和害怕。父母对孩子的"让步"是爱与尊重的表现,会引导孩子学会"让步",促进孩子不再片面地追求控制感和自主感,这是促进孩子独立人格形成的必要条件之一。另外,孩子也能从中学会如何与他人平静地解决争端——这是和谐相处的重要人际交往技巧,也是送给孩子一生的珍贵礼物。

责任心源于爱，有爱心才有责任心

责任是一个很美好的词语，但很多人认为责任意味着一种义务和负担，并且总想逃避它。其实，正是完整的责任感让我们的生活和世界变得更加幸福美好。我们大部分人的很多痛苦和不幸都是不负责任造成的结果。对自己的健康、言行和生活不负责任，对自己的家庭不负责任，对自己身边的亲人和陌生人不负责任，对别的国家甚至世界不负责任，对地球、环境和空气不负责任，等等，这些不负责任的行为共同导致了我们的生活和世界存在那么多问题。如果我们所有人都对自己、对他人、对世界负起完全的责任，那么很多的灾难和痛苦都是可以避免的，我们的生活和世界肯定会更加美好且幸福。

勇于承担责任，是一个人成长的标志。一个孩子成长的过程就是责任感提升的过程。那么，如何培养孩子的责任心呢？

首先，责任心源于爱。

当孩子爱自己时，他才能对自己承担起责任；当孩子爱家庭时，他就能对家庭承担起责任；当孩子能够去爱整个世界时，自然他就为整个世界的美好负起了责任。责任并非一种外在强加的道德负担和义务，而是主动地去为所爱的人和世界付出努力。所以，培养孩子的责任心首先是要培育孩子的爱心，没有爱心，孩子所做的一切都是被动的，都无法促进孩子真正的责任心的形成。

其次，承担责任是一种能力，需要从小培养。

只有父母在孩子小的时候，就把一定的责任放在孩子的肩上，才能逐渐培养出孩子的责任意识，并提升孩子承担责任的能力。责任感并非到了一定的年纪就会自然而然产生的东西，而是父母长期有意训练的结果。

很多父母在孩子小的时候，过度地保护和溺爱孩子，什么事都替孩子担当，就连孩子自身力所能及的生活小事也都替代孩子做了。等到孩子逐渐长大，父母却期待孩子一下子就拥有做事和担当的能力，当孩子没有这种能力时，父母就会责怪孩子，对孩子感到不满，却没想过正是自己的包揽行为导致孩子今天的无能和缺乏担当的能力。

父母教育孩子的一个重大任务是：让孩子独立为自己的人生和整个世界承担责任，激发孩子追求自己的人生目标和幸福。有了这样的基础，孩子才有可能快乐学习和健康成长。

这个工作只能由父母来做，因为它需要父母勇敢地把孩子推出去，不给孩子太多依赖。如果父母代替孩子承担太多孩子本来应该承担的责任，那么孩子就没有机会自己承担。如果孩子觉得可以依靠父母生存和生活一辈子，并且觉得这个世界没有什么事情需要他去做，那么他也就失去了为自己的人生和世界承担责任的意识。

再次，父母要培养孩子完整的责任心。

我们每个人都是整个世界的一分子，爱自己就要懂得爱整个世界，否则就不是真正的爱自己。因此，对自己的人生负责任，也就是要对整个世界负责任，否则就不是一个真正的有责任心的人。只对自己负责，而不对世界负责，这是一个自私自利、自欺欺人的想法。

从孩子小时候起，父母就要灌输给孩子两个理念：一是人生要靠自己，每个人都要靠自己的努力养活自己，父母有一天都会老去，不能依靠父母过一辈子；二是每个人都要为这个世界做贡献，我们每个人都是世界的一部分，我们从这个世界中获得我们所要的任何东西，我们同样要回馈给这个世界我们力所能及的东西。这两点都是人之为人的基本责任，是成为一个真正的人的核心素养，也是人生最根本的现实，谁也不能忽略或者逃避它们。当孩子有了这两个观念之后，他的人生也就有了责任感和价值感，人生发展也就有了目标和方向。

执行力只有在行动中才能被培养出来

每个孩子都有许多美好的愿望，但是正因为缺乏执行力，很多事情都无法得到坚定不移的执行，最终导致这些美好的愿望落空。孩子如果空有幻想，却不能脚踏实地去执行，那么，孩子的人生就会停滞不前。

一般来说，父母如果有执行力，那么，相应地，孩子也更有可能发展出执行力。但在现实中，我们看到，有很多父母自身执行力很强，孩子的执行力却很弱。究其原因：一方面，可能是父母自身的能力太强，所以从孩子很小的时候起，很多本该由孩子自己去执行的事情，父母为了方便和节省时间就替孩子去做了，长此以往，孩子自己的执行力就无法得到培养和发展；另一方面，可能是父母自身在工作上和生活上的执行力很强，但是在教育孩子这件事情上没有足够的时间和精力去亲自执行，更多时候是把养育和教育孩子的责任推给孩子的祖父母、保姆和老师，自己没有去执行父母应该执行的养育和教育责任，没有办法去执行科学的教育理念，也没有办法给孩子做"执行"的示范，因此，孩子就无法从父母身上学到"执行"的本领。

那么，父母如何帮助孩子提升"执行力"呢？

花时间训练孩子，执行力只有在"做"中才能被培养出来。父母要提升孩子的执行力，就要多花点时间培养孩子。父母不能为了节省时间和图方便,代替孩子去做许多本来应该孩子自己执行的事情。

循序渐进,逐渐提升。执行力是一种能力,需要在生活实践中慢慢地磨炼而成。如果早期为了快,为了高效率,让孩子被动地按照父母和老师的安排去做,那么孩子也就很难拥有强大的执行力。

让孩子参与目标与计划的制定过程。如果让孩子参与讨论解决生活与学习问题的方法,那么孩子的思考能力、判断能力和做事能力就能获得提升,同时,孩子执行某项行为的积极性和动力就会增强,执行的可能性会更大。

父母要用恰当的方式激发孩子的执行动力,向孩子传递执行的能量。孩子虽然有远大的目标和完整的计划,但是没有足够的动力与能量执行到底,因此需要父母在旁边鼓励和加油。父母要用自己坚定不移的执行去引导和督促孩子执行。

父母在孩子执行遇到困难时,要及时地给予帮助和支持。孩子对于执行过程中可能遇到的困难和挫折是缺乏预料的,因此很可能会被这些困难和失望打败。父母不能想当然地认为,孩子有了目标,只要执行就可以成功,而要充分预料到孩子在执行过程中遇到的曲折和困难,要全程进行监督、鼓励和帮助,这样才能逐渐培养出孩子的执行力,帮助孩子坚持到底。

"快"是一种习惯，也是一种能力

　　孩子的家庭作业在某种程度上改变了现代家庭生活的模式，很多家庭的晚间生活都是围绕着孩子的作业展开的。父母本来可以在晚上有许多安排，也可以有丰富的家庭活动，但因为孩子要做作业所以取消了。同样，孩子在学校忙了一天，晚上回来还要加夜班，孩子家庭生活的时间和机会也因此被取消了。虽然做家庭作业这件事大家都认为是理所当然的，但父母和孩子都很难喜欢家庭作业，因为生活的乐趣和家庭生活的权利都被它剥夺了。所以一旦孩子做作业速度慢，迟迟没有完成，整个家庭就会笼罩在紧张的氛围之中。

　　很多父母体会到，只有当孩子的家庭作业完成之后，他们才有可能真正得到放松，父母会发现他们的注意力和心情竟然受孩子的家庭作业所影响，好像这也是父母每天晚上必须完成的作业。所以，当孩子不能快速完成作业的时候，父母就觉得自己被老师和孩子虐待了，家庭作业剥夺了他们本来应该拥有的休息和放松的权利，这怎么能不让父母心生恨意呢？这时候，如果父母还发现孩子东张西望，做做停停，效率很低，他们的怒火很快就会被点燃，然后对孩子进行一番狂轰滥炸的批评。结果是孩子泪流满面，父母又是自责，又是同情。然而，下次出现同样情况时，父母还是会重蹈覆辙。

深入分析,我们可以发现,"慢"是孩子潜意识中对不想做的事情的一种反抗,但这也是一种最无奈、最自伤的反抗。"慢"表面看来是个人习惯的问题,从深层来看,是因为孩子内部缺乏行动的动力。

人类在很长时间的进化过程中,都过着舒缓的生活,而"快"是现代工业社会的特征。从一个角度讲,人类的身体机能还没有完全适应现代的"快"节奏。可以说,"慢"是生物的一种自然状态,而"快"是一种机器的"加速度"状态。从另一个角度讲,"快"是迫于环境和现实的需要而锻炼出来的,其实是人格的成长、内心的强大、能量的提升以及心智的成熟等综合作用的结果,所以"快"是有条件的,并非想让孩子"快"他就能"快"起来。

"快"的习惯的养成是一个艰苦的过程,是孩子全面能力提升的表现。如果我们仅仅认为"慢"是孩子主观态度的问题,往往会更加容易引发我们的怒气。而当我们能够把孩子做事快慢当成一个综合素质的问题来看待时,也许我们就能更加详细地分析和了解孩子的情况,然后制订合理的计划,帮助孩子一步步地快起来。我们不仅要训练孩子做事情的能力,更要努力激发孩子做事情的动力。只有孩子内在心理能力提升了,他的外在行为才会好转。

所以如何激发孩子做事情的动力是训练孩子"快"的关键,一旦孩子有了"快"的动力,他也就能要求自我去"快"。父母只有把"外在控制"转化成孩子自我的"内在控制",才能真正提高孩子"快"的能力。比如说,你可以把一头牛拉到河边,你也可以把牛的头按到河水里面,但是你无法让一头不想喝水的牛喝水。

我们相信,没有一个人喜欢被控制,也没有一个人想要磨磨蹭蹭浪费大好时光,孩子这么做其实是一种被动的反应,我们只有想办法化孩子的"被动"为"主动",才有可能真正解决这个问题,让孩子做事"快"起来。如果这个问题没有解决,那么孩子最终会被这个慢慢吞吞的坏习惯给困住,被它拖垮,学习之路是很难走得长远的。孩子只有做到主动学习,才能真正提升学习的能力与效率,才能培养出敏捷的思维能力。

行为需要被限制，情绪需要被接纳

孩子的某些错误行为是需要被限制的，否则可能会对孩子的生命安全和人生发展产生威胁。然而，孩子的所有情绪都需要被接纳与理解。

每一种情绪都是正常人性的一部分，缺少任何一种都是人生的憾事。当孩子快乐、兴奋、幸福时，父母跟孩子一起分享，那么孩子的快乐就会加倍；当孩子痛苦、悲伤、失望时，父母与之一起承担，那么孩子的痛苦就会减半。正是在这种情感的分享与交换的过程中，父母与孩子的心灵变得更加亲密，人格因此而获得了成长。

父母要努力读懂孩子行为背后的情绪。当孩子哭泣或者烦躁时，我们要试着理解到底是孤单、愤怒、羞愧、失望、沮丧、挫败、担心、恐惧等情绪中的哪种负面情绪在控制他。父母对孩子负面情感体验的关心、理解与抚慰，是帮助孩子疗愈心灵创伤的急救药。孩子的负面情绪一旦有机会表达出来，它就得到了释放。父母不要害怕孩子的负面情绪，也不要去压制孩子的负面情绪，或者要求孩子尽快从负面的情绪中走出来。当父母做好心理准备去倾听和接纳孩子的负面情绪，并创造机会和条件让孩子自由地表达时，父母就可以帮助孩子把负面情绪释放出来。父母也正是在与孩子一起面对人生中的各种情感困境的过程中,教会和提升孩子面对和处理负面情绪的能力。孩子的情感就像是洪水,堵住的话只会越积越多,破坏力越来越强,最后导致不可遏制的大爆发。当孩子的抱怨得到倾听和理解时,他的心灵也就恢复了平衡和自由。

接纳孩子的负面情绪并不意味着认同孩子的错误观点和行为,只是提供给孩子宣泄负面情绪的途径,这是一种爱的行为,是给处于情感困境中的孩子的一种急救药。当孩子的负面情感能够被说出来,而且能够被父母理解和接纳时,这种负面情绪也就变得不那么可怕,孩子也就能够接纳和面对它了。当孩子的情绪恢复正常时,他的思维和行为就能恢复正常,他的积极正面的情绪就会回来,他的行为也就可能变得更好。如果孩子的各种情感被否定和拒绝,孩子就会逃避和隔离这些情感,最终会影响到孩子的人性、情感和行为的健康发展。

去中心化——帮助孩子从自我中心中走出来

"自我"的诞生是个体心灵成长的开始,进一步的成长意味着能够离开"自我中心",跟外界建立关系,与外界进行信息与能量的交换。以自我为中心的人,一切行为的出发点都是为自己考虑,无法意识到他人的存在,也无法去爱、尊重和帮助他人,如此,他的成长之路就被堵住了,他也就无法真正成为世界的一员。

父母是孩子最重要的现实,是孩子通向世界的引路人。父母有责任把世界介绍给孩子,带领孩子领略世界的美丽,引导孩子从自我中心中走出来,进入现实社会之中。

那么,孩子的"自我"是如何诞生的呢? 这个"去中心化"的过程是如何发生的呢?

当一个孩子降生的时候,他的自我还没有诞生。他的自我在最初时是处于一种混沌状态,没有跟世界区分开,他会感觉自己就是世界,世界就是他自身。他处于一种全能的幻想之中。当他饿时,母亲就来喂他;当他冷时,他人就给他穿衣服。他人和世界好像都是围绕他而存在的,他自己就是世界的中心。父母在孩子年幼时,确实应以孩子的需求为中心,满足孩子身体和心理的需要,让孩子对自己、身边的人与世界充满信任,这是孩子的安全感、自尊心和价值感建立的基础。

随着孩子逐渐长大,孩子的认知能力和意识水平慢慢提升。他意识到父母与世界跟自身的区别,父母及其他人并不能完全满足自己的所有需求。这种挫折感会使孩子意识到自己的生命不能完全依赖他人,他需要去提升自我照顾以及照顾他人的能力,因而逐渐发展出独立的自我和生存能力。

等到孩子的独立自我发展至一定程度,父母就要帮助孩子开始一个"去中心化"的过程,帮助孩子从自我中心中走出来,否则,孩子与他人建立关系及孩子社会化的过程就会出现困难。健康的关系是建立在平等、互惠、尊重、体谅的基础之上的,如果孩子认定自己是人际关系和世界的中心,这就会成为他进入世界的障碍。一个以自我为中心的孩子实际上是被困在自我的牢笼之中的,无法跨越自我的界限。他既无法进入他人的心灵世界,又无法让别人进入他的内心世界。他的世界只有他自己,他是唯一的主人,这自然就会忽略他人的存在和主体性,最终也就会被他人和世界所抛弃。

在一个孩子的成长过程中,父母先要以孩子为中心,帮助孩子发展出"自我"和"自信",再"去中心化",让孩子顺利地离开"自我",进入世界之中。父母想要协助孩子顺利完成"去中心化"的进程,需要做到以下两个步骤。

一是要适当满足孩子自我身心发展的各种需求,如生存、安全、爱和归属、自尊和自恋、理想化等。当孩子的各种需求得到一定的满足之后,他就不会一直停留在缺乏的饥渴之中,他才有可能超越它。孩子正常的需求没有得到很好的满足,就会给孩子的心灵带来创伤,让孩子的心灵停留在这种受损状态之中,很难从中走出来。于是,他会一直渴盼与追求需求的满足,也就无法意识到他人的需求。例如,孩子小的时候,在渴望得到父母的欣赏与认可时,父母要尽可能地去镜映和满足他,孩子只有在父母与他人能够欣赏与认可他的环境中,才能学会欣赏与认可他人,逐渐从自我中心中走出来。

二是孩子的需求满足遇到了"恰到好处的挫折"。如果孩子的所有需求都得到完美的满足,那么孩子就会形成一个错觉,觉得自己生命所需的一切,父母都会给予,因此,他根本就不用努力,也不用提升自己的生活能力,只要依靠父母就可以了。久而久之,孩子还会认为父母给予自己生活所需的一切是理所当然的,而且整个世界都有责任来满足自己,就像父母一样。这样,孩子就会陷入自我中心的陷阱之中,对现实世界产生误解,并且根本没有动力去发展独立的自我。"恰到好处的挫折"让孩子知道自己的有些需求是无法完全依靠父母和他人得到满足的,而是需要靠自己的努力去获得的,这就给了孩子动力去发展独立的自我和自我照料的能力。这种"恰到好处的挫折"是帮助孩子从自我中心中走出来,促进孩子自我成长的另一个不可或缺的条件。

自我总是渺小的,是一个很有限的存在,因此,它的能量也是很有限的。当一个人只为自我而学习的时候,到达一定的目标后,自我就会停滞不前,并为自己所达到的成就而感到满足和骄傲,学习兴趣和动力就会被减弱。当一个人从自我中心中解放出来的时候,他就会拥有巨大的学习和成长的能量。他不仅是为了"自我"而学习,而且对世界本身充满着好奇和渴望,充满着促进世界发展的美好愿望,那么他的学习和成长的动力就是无限的。

　　当一个人的心里只装着自己时，他就只拥有自己，就会把自己跟世界隔离开。而当他的心里装着整个世界时，他也就拥有了整个世界。

攻击性是一种次发行为

现代很多心理学家通过研究发现,攻击性并非人的天性,而是个体在环境中受挫后的一种次发的反应性行为。当一个人在成长过程中受到友好的对待时,他就不大会有攻击性行为,反之则很容易产生攻击性行为。

从许多具有攻击性的人的成长经历中,我们可以发现他们在早期都有被攻击的创伤性体验,因而被诱导产生攻击性行为。深入分析攻击性行为背后的动机,我们可以发现,有些攻击性行为是为了报复,宣泄自己内心的仇恨与痛苦;有些攻击性行为是为了自我拯救,为了获得独立、自由和更加美好的生活,或者是为了对抗社会、他人的控制以保护自己的利益。从以上两种类型来看,攻击性行为都是被伤害后的次发结果。

如果我们去观察并理解孩子的攻击性行为,我们也可以得出同样的结论:所有孩子的攻击性行为都是次发的行为。当孩子在家庭、学校和社会中没有获得充分的爱与尊重时,他们的心灵就会产生受伤感,因而他们就会用语言和行为攻击父母、同学、老师,甚至整个社会。在这种情况下,当我们继续运用道德、规则、舆论对孩子进行批评和指责,或者进行体罚时,我们并不能减少孩子的攻击性行为,反而会让孩子感觉自身再次受到了攻击,使他们的攻击性行为变得更加激烈和极端。

在孩子的攻击性行为后面往往隐藏着以下意识层面和无意识层面的心理动机：

一是为了压制和控制他人，保护自己不再受忽视和伤害；

二是为了报复他人，通过给他人带来痛苦，以获得心理上的平衡；

三是通过制造他人的痛苦，让他人能够理解自己的痛苦心情；

四是为了改变不利于自己的环境，创造出一个有利于自己的环境，提升自我的控制感；

五是一种自我拯救的信号，以引起他人的关注和帮助。

从以上这些可能引发孩子产生攻击性行为的心理动机可以发现，父母只有通过爱与尊重，才能从根本上消除孩子攻击的动机和欲望。如果父母反过来攻击孩子，只会让孩子的攻击性行为越来越严重。暴力只会带来更多的暴力，而只有爱与温柔才能化解内心的仇恨与攻击，让人变得感恩、平静和友好。

叛逆是孩子独立人格形成的重要因素

法国哲学家萨特说:"通过激烈而深入地拒斥他人对我们的培养,我们才成为自己现在的样子。"虽然这句话说得有点极端,但其中有一半的道理是对的。每个人的心灵对外界都拥有两种态度:一种是"认同",另外一种是"不认同"。这两种态度都是不可缺少的。如果一个人对父母、其他人和世界的一切都只有"认同",那么他的心灵就失去了界限,所有人的观点、看法都会毫无阻拦地进入他的心灵,心灵也就会四分五裂;当然,如果一个人对外界的一切都"不认同",那么他的心灵也就完全封闭,世界上的任何人和事都无法进入他的心灵,他也就会跟世界完全隔离,失去了与世界联系的机会。因此,每个人都会对某些人和事产生"认同",而对另外某些人和事产生"不认同",这是人的心灵既要保持独立又要与外界保持联系所必需的两种功能。

父母往往非常渴望得到孩子的"认同",不希望孩子忤逆自己的意愿,当孩子"不认同"父母的观点看法和行为要求时,父母就会说孩子"叛逆""不听话",并为此感到非常苦恼。当然,这一方面是父母对孩子的成长发展表示担忧,害怕孩子不能学会正确的行为方式,养成不良的习惯,误入歧途;但另一方面,也有可能是父母自身的自恋需求、自尊心受到了伤害的结果。有些父母比较以自我为中心,认为自己所有的想法、观点和原则都是正确的和最好的，因此，孩子必须无条件地认同与接受。也许对于父母生活的时代和环境来说，确实是这样，但是孩子生活在未来，而且所感受到的世界与父母所感受到的世界是有很大不同的，父母要把自己世界的所有原则都强加给孩子，这些原则肯定会有部分是不合适和落后的。即便父母给的原则都是正确的，如果都要孩子完全不加思考和抵抗地"吞下去"，那么孩子又如何培养独立人格发展所必需的"不认同"的能力呢？因此，即使父母说的都是对的，孩子也要适当加以否定，以向父母和世界宣告自己的独立存在以及拥有选择与决策的自由。

　　另外，如果孩子不在父母身上练习"不认同"的方法与技巧，那么他又怎么能够拥有这种能力呢？因为现实世界是不会给孩子太多说"不"的机会的，外在世界很多时候会要求孩子服从，不然就会把孩子排除在外。其实，这个世界对孩子应该有更多的包容和理解，允许孩子提出自己的观点和看法，在一定的范围内允许孩子拥有自由选择行动的权利，这样，孩子的独立人格和创新思想才有可能发展。如果成人世界从来只要求孩子认同和顺从，那么社会又如何向前发展，文明又如何能够获得进步呢？当然，孩子永远也不会完全认同父母和旧世界，不管父母和成人世界如何恋旧和不喜欢改变，孩子永远都会用不认同、不顺从、不听话、叛逆的方式创造出一个新世界。

　　因此，父母要理解"叛逆"对于孩子成长和社会发展的重要意义，不要过于激烈地反对甚至扼杀孩子的所有叛逆行为，对孩子的"不认同"要保持一定的包容和理解，适当给予孩子发表自己观点的权利和空间，这样，孩子的独立人格、思想和判断力才能自然产生，孩子才有能力在自己的人生道路上前进，并推动人类社会的发展。

另外，孩子过度的叛逆行为，往往是父母与孩子之间亲子关系遭到破坏的标志，可能是父母对孩子的成长不够关心、投入和理解，也可能是父母对孩子的管教太过于严厉、苛刻和不合情理，父母在与孩子的关系上过分地疏远或者过度地侵入都可能导致孩子的叛逆。因此，当遇到孩子的行为比较叛逆时，父母要认真仔细地反思孩子叛逆的原因所在，先从自己的角度进行调整和改变，并抱着一种接纳和理解的态度去面对孩子，这样才能合理处理孩子的叛逆问题。

当然，对孩子的成长来说，一定程度的叛逆是需要的，但过度的叛逆容易让孩子在歪路上越走越远，结果给孩子的学习和人生发展带来伤害。父母要通过科学合理的管理和不断调整，把孩子的"认同"与"不认同"控制在一定范围之内，保持适当的平衡，这样，孩子的人格和思想才会在尊重与突破、接受与创新之间，而不会走向偏见与极端。

那么，如何让孩子的叛逆行为保持在一定范围内呢？这就要求父母能为孩子的行为设置合理而清晰的界限，这样，孩子就知道在什么样的界限内行动。界限越清晰，亲子关系就越不会陷入冲突和混乱之中，孩子的心理也就越安全、平静、愉快。当父母对孩子的控制过于严格时，孩子会感觉自己生活的自由和空间被压缩，会感到不公平，孩子就可能对父母的控制行为充满敌意，然后用叛逆的行为表达出来。当亲子关系和谐，父母能够尊重孩子的正常需求，给予孩子一定的决定权利和自由时，孩子就不需要通过叛逆的方式去跟父母交涉。相信没有一个孩子天生就喜欢叛逆，就喜欢跟父母对着干，把关系弄得很僵硬，这种关系对父母来说是很难受的,对孩子的心理来说也是一大折磨。所以,孩子叛逆要么是因为父母控制太严,要么是因为父母对孩子的行为限制不够清晰,导致亲子冲突的产生。

父母既要理解叛逆对孩子独立人格成长的价值,又要通过设置合理的界限,与孩子建立良好的亲子关系来缓解孩子的叛逆,这样才能让孩子的行为把握好分寸,让孩子既不会因为害怕而与一切妥协,也不会因愤怒而充满反抗,两种极端行为都会对孩子的成长带来伤害。父母要帮助孩子在两者之间找到平衡。

错误是孩子成长不可避免的东西

　　每对父母都希望自己的孩子拥有一个最好的人生，因此，总是尽量为孩子提前做好人生规划，希望孩子少走弯路，能够按照最佳的方式去学习与生活，早日获得人生的成功。父母在潜意识中认为，为人父母的主要职责就是避免孩子犯错误或者纠正孩子的错误，孩子只有不犯错误了，才能更快、更顺利地成长。有些父母甚至会把孩子犯错误视为自己人生失败的证据，无法容忍孩子的错误行为，甚至对此深恶痛绝。

　　但是，我们知道，在孩子成长的过程中，错误是不可避免的。一方面，孩子对世界的认知本来就不充分，不可能一下子就知道所有的一切，因此，孩子总是会在无知的情况下犯错误。在这种情况下，孩子会从自己的错误中发现自己的认知盲区，从而学会新知，错误是孩子最有效的学习方法之一。另一方面，孩子可能知道某些想法和行为是错误的，但又克制不住，因为孩子的自我控制力还没有完全发展起来，甚至可能会再三犯同样的错误。在这种情况下，孩子在犯错之后，才能对自己错误行为的后果进行反思，从而提升自我控制力和自我调整的能力，这个过程也是孩子自我成长不可或缺的。

　　因此，一方面，父母要认识到在孩子的成长过程中，错误是不可避免的，要对之保持接纳、宽容的态度；另一方面，父母也要勇敢地让孩子去犯错误，让他为自己的错误行为承担责任，并从错误中吸取教训。同时，父母还要帮助孩子免于被错误行为所带来的失望和内疚情绪摧毁，避免其伤害孩子的自尊心；避免孩子被自身错误的行为打垮，从而丧失自信和前进的勇气。父母在孩子犯错误时，要保持包容、理解和同情的态度，以保护孩子的自尊心和自信心，给犯错误的孩子撑一把心灵的保护伞。如果在孩子为自己的错误行为感到伤心和内疚的情况下，父母还对之进行严厉的批评指责，这种行为就像是对掉到陷阱中的猎物投掷标枪和手雷，不但显得非常冷漠无情，而且会让孩子对父母的行为产生愤怒和怨恨，结果导致孩子心理更加崩溃，甚至自暴自弃，从而失去对自身的错误行为进行反思的能量与空间，也就无法从错误中获得教训与成长。

惩罚并不能有效阻止孩子犯错

在我们的教育之中,有一个最普遍的认识与传统,就是认为当孩子犯了错误时,父母就应该给予批评教育,甚至可以给予一定的惩罚。很多父母认为这是天经地义的事情,如果孩子犯了错误,父母却不去打骂、惩罚孩子,他们反而会认为这是父母的失职,是不负责任的行为。但我们很少对这种教育方法的效果以及后果进行认真的反思,总是认为,孩子犯了错误受到了一定的批评和惩罚,身心感受到了痛苦,那么为了避免或减少痛苦,孩子自然就不会做错误的事情,而会选择做正确的事情。很多父母在没有学会用其他有效的方式、方法来教育孩子的时候,就会把打骂当成教育孩子的唯一手段。有句俗话说,如果你手中唯一的工具是一把锤子,你就会把所有的东西当成钉子来对待。同样,如果父母手中的教育工具只有批评与惩罚,那么自然也就只会用这种方式去教育孩子了。

其实,从某种意义上说,批评和惩罚永远不是教育孩子的最佳选择,它也并不能真正避免孩子犯错误的行为。虽然从短期上来说,孩子会为了避免被批评的羞耻和痛苦而不去犯错误,但是它无法削弱孩子犯错误的动机,更没有办法塑造出正确的行为。

首先,惩罚孩子表面上是让孩子的身体和心灵遭受痛苦,但实际上被惩罚之后，孩子的心灵又变得自由了，他不用再为自己的错误行为内疚了，因为他已经为之付出了代价，所以，下次孩子还会继续犯同样的错误。因此，惩罚孩子会导致孩子不再为自己的错误行为负责任，而且下次再犯的可能性会更大，因为，大不了，再被打一顿。皮肉之痛其实并不那么难以忍受，而心灵的内疚和羞耻感才是让人最难忍受的，会引发孩子反省自己的行为，并努力控制自己的行为，以免再被内疚的痛苦感觉所淹没。

其次，父母惩罚孩子的行为本身就是一种不文明的行为，孩子很可能从父母的惩罚行为中，学会用同样的方式去对待他人，有一天也会用同样的方式来对待父母和自己的孩子。孩子的言行是从父母和他人如何对待他的方式中学会的，虽然他自身深受其害，但久而久之也会对这种行为不自觉地产生认同，把它内化为自己心灵和行为的一部分。所以，父母的这种不文明行为，在无意中造就了孩子的不文明行为。

再次，父母的惩罚之中蕴含着许多情绪垃圾。父母的批评和指责行为，虽然从深层次看是对孩子的爱与关心，但是其中不可避免地夹杂着父母对孩子不良行为的恨、失望、沮丧、无奈、厌恶等负能量，这些负能量会在无意识的情况下进入孩子的心灵之中，麻痹孩子的神经，损耗孩子的成长动力，并会成为孩子内心的情绪垃圾，让孩子很难有积极的力量去面对自己的问题并有勇气去改变。另外，父母惩罚孩子的行为有一部分可能源于父母自己不知如何教育孩子和教育失败的挫折感，当父母了解了孩子错误产生的原因，以及知道如何去帮助孩子改正时，父母就不会采用批评和惩罚的单一方式去教育孩子，他们就会采用其他更加有效的方式去帮助孩子觉察、反思，并让孩子从错误中获得成长。如果父母总是采用批评和惩罚的方式教育孩子，就会招致孩子对父母的教育行为的失望和反抗。

父母要学习更多的、灵活的、有长期效果的方式与技巧去教育孩子，而不是只用自己童年时学到的唯一方式去教育孩子。我们教育孩子的目标是让孩子成长，不仅有好的行为，而且要有完善的心灵和积极的人格。批评和惩罚也许可以让孩子不犯错误和少犯错误，但是无法让孩子拥有自信、自尊和阳光的人格。父母采用更加温柔、理解、宽容、慈悲等的态度去教育孩子，更容易让孩子对父母产生感激，它会给孩子带来强大的自我改善的动力，同时，也让孩子学会以一种更加温柔的方式去对待他人和世界，学会接纳和宽容自我。当孩子感到父母对自己的接纳和包容时，他会更加容易平静下来，这样才会有心理空间和情感能量去反思自己的行为，并改善自己的行为，从而变得优秀以不辜负父母的爱与信任。

孩子说谎，是为了不让自己的心破碎

孩子的谎言背后隐藏着一个真实的意图：不希望父母为其行为感到伤心和难过，同时也希望在父母的眼中保持一个好孩子的形象，或者是为了保护自己的自尊心和价值感。父母要对这个深层的意图做出反应，不应该只是做出道德上的评判，给孩子贴上不诚实的标签。

那么，当洞察孩子说谎之后，父母应该如何处理才能避免孩子的这种行为呢？

父母要理解孩子说谎的背后，其实也隐藏着一种积极向上和变好的动力，以及对自己犯错和表现不够良好的自我觉察。孩子说谎是因为无法面对自己的错误和不足，是内心脆弱的表现。当孩子开始说谎时，他其实已经觉察到自己的错误，否则就没有必要说谎。但他又没有足够的勇气和力量去承认自己所犯的错误。孩子此时的心理已经处于一种羞愧和内疚的状态，他的自我和人格开始有了裂痕，但他又找不到自我解救和处理错误的方法与技巧，因此会采取较为低级和拙劣的说谎来应付。而当父母对孩子的意图表示理解，并让孩子感到没有必要对父母隐瞒，父母可以接受他所犯的错误，并尊重孩子自我保护的愿望时，孩子的心理就会变得更加安全，因此也会更有勇气向父母承认自己的错误。这样，孩子的人格也就会变得更加透明和完整，他不再需要用谎言来掩饰自己内在的虚弱和破碎。

　　孩子的说谎行为，很多时候父母是一眼就能看穿的，但孩子还是坚持掩饰和遮盖，让父母感到更加难以理解和愤怒，感觉自己的认知能力和智力受到了低级的挑战，同时，也为孩子说谎行为所表现出来的幼稚和无知感到痛心。因此，此时父母会急着跟孩子争辩，想快点揭穿这出闹剧，免得双方都蒙受羞辱。但是，此时的孩子已经失去了理性思考和面对真实的勇气，说谎是他唯一的自我防御和保护手段，谎言已经有了开始，他只能硬着头皮用更多的谎言来掩饰。孩子内心的破碎和漏洞已经越来越大了，他正处于一种骑虎难下的困境之中。这时父母该怎么办才能让双方从这困境中解放出来呢？

　　一种方法是，父母继续强硬地坚持下去，撕破孩子自我防御的面具，让事实露出它的真实面目，让孩子为自己所犯的错误和蹩脚的谎言感到羞愧。另外一种方法是，父母后退一步，意识到孩子人格和自我的脆弱，也意识到孩子已经知道自己错了却又无法面对痛苦，给孩子留一点面子，给孩子一个台阶下，等待孩子恢复了勇气和理智，再让孩子去反思自己的行为，使他从错误中获得成长。

　　以上两种方法哪一种更有效呢？其实当孩子的防御面具被无情揭下时，可以说孩子的自尊已经碎了一地。自尊的破碎会让孩子的心理能量降低，心灵更加脆弱，这种情况下孩子很可能会恼羞成怒，"破罐子破摔"。如果是这样的话，父母已经没有办法再继续做什么有效的教育工作了。孩子也会对父母的冷酷无情心生恨意，亲子之间的关系已经严重破裂，孩子此时已无所顾忌，不会再买父母的账了。表面上父母揭穿了孩子的谎言，取得了胜利,但实际上父母已失去了教育、帮助孩子的资本。

但如果换成另一种方法,父母知道了事情的真相,但为了维护孩子的自尊心,同时也考虑到孩子人格的脆弱,只是温和地透露给孩子自己已经知道了真相,但理解、包容他,孩子肯定会知道父母对他所做的一切。那么,孩子就会对父母的慈爱和宽容心存感激,这就为孩子自我反思、自我控制、自我成长创造了一个心理空间,并输送改正的能量,这才能导向一个真正的成长时刻。我们相信,唯有爱和慈悲,才能给一个心灵带来成长的力量与勇气,使孩子敢于直面自己的缺点和错误,而不必采用说谎的方式去逃避。

还有,父母已经知道孩子说谎,就不应再装作不知道的样子对孩子进行调查提问,父母的这种行为本身也是不诚实的,会导致孩子为了防御而撒更多的谎,结果只会让孩子更加难堪,自尊心受损更严重。这种绕圈子的提问,是挖好陷阱等着孩子往下跳,当孩子发现自己上当时,孩子会对父母的不真诚行为产生怨恨,从而不再为自己的说谎和错误行为负责任,而会把注意力投注到对父母的憎恨上去。有时候,父母带着关心和同情,直截了当地向孩子摊牌自己已经知道的事实,这是对孩子的尊重,也是对孩子的信任,使孩子把注意力和情感转移到自我反省和改正错误的行为上来。

当然,父母除了对孩子的接纳、理解、包容外,设置严格的规则和界限,让孩子自己承担犯错和说谎的自然后果,也是必要的。同时,父母对待孩子,对待他人和工作也都要讲诚信,以身作则,成为孩子学习的榜样。

内疚感是一把双刃剑

内疚感总是跟羞耻感与罪恶感联系在一起。当一个人对自己的行为感到内疚时，他就会陷入深深的自责之中，个人的自尊心和价值感就会受到很大的损伤，同时，在情感上会感到痛苦不堪。为了缓解内疚的痛苦和折磨，避免下次再陷入内疚之中，有些孩子会选择改正错误，努力学习，变得优秀；但有些孩子会因为内疚，变得灰心丧气，失去活力与热情。

面对和处理自己的内疚感是一个很艰难的工作。内心怀有深深内疚感的父母，会无意中把自己的内疚感投射给孩子。普遍的做法是经常苛刻地指责孩子做错了事情，把责任推给孩子，让孩子为自己的行为感到内疚，以减轻父母自己的心理压力。这种行为可能会激发孩子两种不同的反应模式：一种是孩子变得内疚和自责，认为自己的确是个坏孩子，给父母带来这么大的烦恼和压力，孩子可能会因此变得自卑，甚至陷入抑郁状态。另一种是孩子表现出强烈的对立和攻击性，力图证明自己的清白，并对父母的指责表示抗议，认为这不公平，孩子可能由此而变得脾气暴躁、叛逆和不合作。不管是哪一种反应方式，当亲子关系中渗透进"内疚"，亲子关系的温情面纱也就被撕破了，留下的可能是互相伤害和冷漠。

因此，父母要慎用激发孩子内疚感的方式去影响孩子的行为。也许少量的内疚感可以启发孩子反思自我并调整自己的不良行为，促使孩子努力变得优秀，但是太多的内疚感最终会损害孩子的自尊心、自信心和自我效能感，让孩子变得自卑和自我否定，使孩子无法拥有积极阳光的心态。

游戏不是问题，有问题的是玩游戏的方式

　　一个拥有健康的生活状态的人应该同时具有爱、工作、创造和游戏的能力，任何一种能力的缺乏都会让生活失去活力与平衡。爱、工作和创造的重要性，大家都是知道的，至于游戏，一般人认为是可有可无的东西。认真仔细反思一下我们自己的人生经历会发现，游戏曾经给我们的心灵带来许多的幸福感和满足感。每个人天生就有游戏的需求和能力，只是逐渐成长之后，游戏的爱好慢慢被学习和工作等其他事情取代了。

　　每个孩子都是喜欢游戏的。游戏会给他们带来许多的快乐，游戏能够帮助孩子放松心情，促进孩子创造力和想象力的发展，游戏也是孩子之间进行交流的媒介，是孩子们进入现实生活的一种模仿，是一种非常高效的学习模式。缺乏游戏的童年是不完整的，会让孩子少了许多的快乐与幸福，也会影响孩子人格的健康成长。适当给孩子创造游戏的空间和条件，父母陪孩子一起游戏，对孩子身心的健康发展是非常必要的。

　　然而，大家也发现，现在孩子玩的游戏与以前我们玩的游戏是完全不同的。现在，孩子更倾向于玩电子游戏。造成这种现象的原因是多方面的：一是电脑和智能手机的普及，孩子比较方便就可以接触到它们；二是游戏制造商受利益驱使，为迎合孩子的心理特点和需求，专门设计吸引孩子注意力的游戏，让孩子欲

罢不能；三是现代父母工作比较忙，没有充足的时间去帮助孩子发展其他的兴趣爱好；四是现代社会生活空间变小，城市缺乏足够安全的空间给孩子玩耍，孩子没有地方可去，或者父母不放心让孩子出去，只好把孩子关在家里，孩子空余的时间也就被电子游戏所占据；五是当前孩子的学习压力比较大，由此产生的许多负面情绪没有地方宣泄，而电子游戏是孩子宣泄攻击性负面情绪的很好途径，既容易获得又安全，所以孩子自然会通过电子游戏来宣泄情绪；六是由于缺乏父母和朋友的陪伴，孩子会感到孤独和不善于交流，因此，电子游戏成了孩子排解孤单情绪的避风港和替代品。基于以上种种原因，孩子们变得越来越依赖电子游戏，对电子游戏越来越依赖之后，孩子会沉溺于游戏，会很难从中把自己解放出来。

父母和老师都在思考，如何才能减少孩子玩电子游戏的时间，帮助孩子从对电子游戏的迷恋中解放出来，把更多的时间投入到学习和其他更有益的兴趣中去。但如果不能改变以上所述的六个诱因，那就无法有效地解决孩子迷恋电脑游戏的问题。如果孩子是为了处理孤单、无聊、厌烦和焦虑等情绪而游戏，那么单方面地禁止游戏不仅不能解决问题，反而会使孩子的情绪问题变得更加糟糕。如果父母能多理解孩子，跟孩子建立好的亲子关系，培养孩子的其他兴趣爱好，让孩子能从生活的其他方面获得快乐，那么孩子迷恋电子游戏的问题就能得到有效的解决。在孩子成长的早期，父母要多花时间，参与到孩子的生活中去，跟孩子一起游戏，培养孩子多种多样的兴趣，帮助孩子发展出能让他自己感到自豪和满足的兴趣、技巧和能力。一旦孩子能够更好去爱、学习、工作和创造，那么孩子的人生就会变得更加丰富多彩，孩子也会变得更加快乐，他就不会被电子游戏所控制。另外，父母对孩子在使用手机和电脑的时间上，应根据孩子的年龄特点和实际需要，进行合理的限制和约束，帮助孩子抵抗它们的诱惑，并逐步养成正确合理使用电子产品的习惯。

幻想是现实的延伸

幻想是现实生活的重要补充。当孩子在现实中遇到困难，或者某些愿望无法被满足时，他可以通过幻想的方式给予补偿，稍微满足一下心灵的渴望，协助心灵恢复平衡。

幻想是心灵的花园，提供给心灵一个休憩与自由翱翔的空间。当孩子在学习中感到累的时候，他可以沉浸在幻想之中，放飞自我，漫游未来，从中汲取心灵的营养。

幻想是一个人想象力与创造力发展的源泉。现实世界建立在过去与已经存在的事物的基础之上，而世界的进步与发展要靠创造出从来没有过的东西，而幻想为社会的改变与创新提供了可能。

一个人的生活既不能脱离现实，也不能完全被现实所淹没。人有能力同时生活在幻想与真实两个世界中，我们要让两个世界顺畅地进行交流，让两个世界互相从对方处吸收有用的营养。当幻想世界空虚时，我们可以让真实世界为之提供一些素材；而当真实世界变得贫乏时，我们又可以让幻想世界给它增加一些新的元素。一种好的生活状态是能够在幻想和真实两个世界之间来回穿梭，灵活切换。

父母是连接孩子内在幻想与外在现实的桥梁。孩子刚生下来时，生活在幻想之中，父母要一点一滴地向孩子介绍这个世界,帮助孩子从幻想逐渐走向现实。但这个过程又不能进行得太急,幻想是想象力和创造力的基础,如果孩子太早失去幻想的能力,那么他的人生就可能太早被现实所淹没,孩子的自尊心和自信心都会受到影响。孩子的全能幻想是孩子自信心和抱负心建立的基础。即使是成人,他也有一定程度的全能幻想的需求,以填补自己现实能力的不足,这对个体保持自尊和自信大有裨益。只有一个人完全沉溺于全能幻想,而不去发展现实能力,才会对人的现实适应能力和工作能力带来影响。

因此,当孩子对自己的能力有一种夸大的幻想时,父母不要急于打破,允许他在自我幻想里享受一段时间。父母可以创造条件和机会,让孩子进入现实,去面对问题和任务,现实自然会一点一滴打破他的幻想,让他清醒过来,慢慢地培养和发展自己的现实能力。如果孩子正处于早期正常的自我夸大幻想阶段,父母不给予认可和欣赏,太早给孩子泄了气,那么孩子就会对自己的能力缺乏信心,孩子的发展动力就会受到损害。

父母在养育孩子的过程中,不要完全地要求孩子顺应现实,要给孩子留有一定的时间与空间去幻想,让孩子的心灵保持新鲜与灵活。我们要追求一种中庸而平衡的生活,不要走极端,既要能立足现实,有时又要能让心灵放飞于幻想之中。

环境先要"适应"孩子，然后孩子才能适应环境

　　一个孩子的成长，是由他的先天遗传因素与后天环境因素相互作用共同决定的。英国儿科医生温尼科特提出"促进性环境"的概念，他认为，先是环境能够满足孩子，然后孩子才能从自我中走出来，慢慢适应环境的要求，这两者不能颠倒过来。因此，父母在养育孩子时，先要努力适应孩子身体和心理成长发展的需要，为之创造合适的环境，等到孩子慢慢长大，然后再一步步地"去适应"，逐渐培养孩子适应现实环境的能力。如果孩子没有早期"被适应"的经历，他的很多能力没有得到充分的发展，他后期适应现实的能力就会出现问题。如果父母在养育孩子的早期阶段，因为自己的人生成长和个人工作原因，无法为孩子创造适应他成长的健康环境，却要孩子适应自己的生活和工作需求，那么孩子的成长就会受到损害。

　　当孩子刚出生时，如果他周围的环境能够很好地满足他的生理需求与心理需求，他就会对环境产生信任，觉得周围环境是友好的，就会以一种接纳与温柔的方式对待周围的环境，与环境建立连接。如果孩子感受到环境的残酷与不友好，那么孩子很可能会退缩并逃到自我的世界中去，并对周围环境持有敌意和恨意，从而影响其顺利地融入未来的生活环境。

　　在孩子的成长过程中，如何根据孩子的身体和心理发展需

求与水平,合理地调整现实适应孩子和让孩子适应现实两者之间的关系,是一个非常复杂的问题,父母要在对孩子的心理和能力进行比较准确的评估的基础上,做出合理的安排和设置。

帮助孩子成为一个"自我同一"的人

　　对于每个人来说，人生最大的愿望就是成为自己想成为的人，做自己想做的事情，最大限度地发挥自己的潜能。美国心理学家马斯洛把这种现象称为"自我实现"。他认为"自我实现"是人生最高的追求目标，也是人生最大的幸福所在。一个"自我实现"的人才算是获得了人生的圆满，实现了自我人生的意义和价值。又因为每个人的"自我"都是不同的，因此，每个人"自我实现"的道路也是不同的，每个人都可以通过自己的努力，用自己的方式去实现"自我"，人生圆满之路并非只有一条。

　　在每个人追求"自我实现"的人生目标之前，他必须首先完成"自我认同"的人生发展任务——美国心理学家埃里克森称之为"自我同一性"的确立。"自我同一性"是指个体尝试着把与自己有关的各方面整合、协调起来，形成具有独自特色的完整统一的"自我"，它包含着个体独特的需求、情感、能力、目标、价值观等特质，它是一个人区别于他人的身份标志。

　　一个健康的人必须保持一种"同一感"，即一种熟悉自身的稳定感，一种知道自己将会怎样生活的恒定感，一种知道并确定自己是一个什么样的人的自信。当一个人失去了"自我同一性"，他就不知道自己是谁，不知道自己该如何适应这个世界，他也不知道自己的将来会如何；他会失去时间连续感，并失去对自己生活的控制感,他的心理会陷入分裂、危险和混乱之中。一个人有了"自我同一性",他的内心才能安宁,才能自在,才知道自己该如何去生活,同时也相信自己的人生是有价值和有意义的。

"同一性"理论的创造者埃里克森说:"如果一个人对自己的同一性没有把握,就会躲避人际间的亲密关系,不具备与他人建立亲密关系的能力,就会拘泥于刻板的人际关系而具有一种深深的孤独感,即担心在跟他人建立亲密关系时会丧失自我,所以他们会选择离群索居,人际关系非常淡薄。"因此,如果父母有一方的"自我同一性"没有发展完成,那么就会给亲密关系的建设带来困难,从而影响到养育孩子的能力。另外,当父母一方的"自我同一性"存在不足和混乱时,他(她)对于何谓健康完善的人就缺乏一个完整的概念,就会在引导孩子的自我成长时存在问题,因为他(她)不知道该何去何从,他(她)无法带领孩子到达一个自己都没有办法到达的地方。

在现实中,我们了解到很多孩子陷入了"自我同一性危机"之中,具体表现为:孩子部分"自我功能"丧失,生活缺乏目标,对未来的命运、前途表示怀疑,不能正确面对理想和现实之间的差距;对自己、他人和世界抱有一种偏见,难以改变,较为固执,不愿尝试新的角色,自我概念较为狭窄;学习缺乏动力,处于被动和应付状态,没有正面的兴趣爱好,对任何事都缺乏热情;自我控制能力差,规则意识较弱,在人际交往中既不能领导又不能服从,过度认同小团体的同一性,背离正确的社会价值观和人生观;个体感到自卑,觉得人生没有价值,常常觉得空虚、无聊和无可奈何等等。这些问题会对孩子的健康成长和人生发展产生深刻的影响。

那么，父母应该采取哪些策略促进孩子"自我同一性"的形成呢？

一、建立信任的亲子关系。孩子的"自我发展"出现问题，首先是因为在成长的过程中他与父母、老师、其他人和世界的关系出现了问题。正因为关系本身存在缺陷，孩子的自我成长才会出现问题，所以父母首先要跟孩子建立信任、安全、健康的亲子关系，并帮助孩子与外界建立健康的关系。

二、为孩子的"自我意象"提供准确而敏感的"镜映"。自我的健康成长需要来自他人的回应，特别是父母和老师的积极回应，一个人只有得到他人充足的回应才能拥有较高的存在感、价值感和意义感。孩子的"自我同一性"发展出现障碍，从某种程度上说是由于缺乏健康、全面、准确的回应。父母要把自己当成一面镜子提供给孩子使用，把孩子真实美好的一面通过自己的语言、表情、动作和行为及时准确地反映给孩子，让孩子从父母这面"镜子"中看到真实而美好的自己，增强孩子的自体感和存在感，促进孩子自我了解和整合。

三、全然地接纳。孩子自我认同感低会导致自卑、自我排斥、自我否定和自我厌恶，造成这些问题的根源是孩子在成长过程中，无法得到父母、老师以及社会充分的接纳和肯定，因此对自己的能力和价值产生了怀疑和不信任。因此，不管孩子学习、能力和表现如何，父母都要以一种"全然"的态度接纳和理解他，这样才能慢慢消除孩子的自我怀疑和自我否定，让孩子也开始慢慢地接纳和欣赏自我，降低焦虑和防御，敢于表现真实的自己，并能逐渐发挥自己的优势，增强自尊感和自信心。

四、创造一个"抱持"的互动空间。孩子的成长需要一个良好的物理空间和心理空间。在这个空间里他可以犯错,可以自由地探索和游戏。父母需要为孩子创造这两个空间,让孩子的身体和心灵有地方安放和滋养。允许孩子慢慢成长,让孩子可以按照自己的节奏和方式去学习和行动。充分尊重孩子的独特性和自尊心,"自我同一性"不成熟的孩子自我功能存在缺陷,人格力量非常脆弱,应对挫折和逆境的能力也较差,所以特别需要在父母的"抱持"空间中慢慢整合和完善。

五、为孩子树立良好的人格榜样。孩子自我人格的成长是一个潜移默化的过程。在这个过程中,父母自身的人格修养、特质和行为比语言更具有影响力,所以父母自身要成为一个不断追求自我完善、自我同一的榜样,并在与孩子的交往互动中为孩子做示范,让孩子在无意识中内化父母健康和完善的人格,促进"自我同一性"的形成。

六、激发孩子树立远大的理想。合理的人生理想是健康人格的一个重要组成部分,也是孩子"自我同一性"形成的一个重要指标。父母要努力激发孩子对理想的追求,也要努力成为孩子心目中的理想人物,让孩子能够对父母进行充分的理想化,把父母的理想形象内化到他的心灵之中,成为他人格的一根支柱。

帮助孩子发展稳定的"自我同一性"是养育孩子最重要的任务之一。孩子拥有健康积极、和谐稳定的"自我同一性",才意味着他能成为一个真正独立的、成熟的、完整的人。因此,父母需要认真思考自己在世界中的角色与位置,并通过自身不断的努力与追求,成为自己想成为的人。当父母的人格更加成熟和完善时,他们就更容易获得孩子的认同和尊重,能够有效引导孩子成长,帮助孩子顺利完成"自我同一性"的人生发展目标。

叁

亲子关系与沟通

父母与孩子都是在关系中成为自己

　　英国儿科医生温尼科特说："没有婴儿这回事。"意思是说，不管什么时候看到婴儿，你总会看到照顾他的母亲（或父亲），婴儿是无法靠自己而活的。所以，与其说婴儿独立的生命体在成长，不如说婴儿的身心是在与父母的关系中逐渐成长的。父母提供给婴儿一种什么样的关系，也就决定了婴儿的身心会按照什么样的模式成长。婴儿每天除了接受父母给予的身体营养外，也在接受着父母给予的心灵营养、关系营养和情感营养，前一类营养的质量决定着婴儿的身体发育，而后一类营养决定着婴儿心灵、心理和自我的发展。

　　因此，父母双方要对自身、对孩子身心健康成长的重要性有更加敏锐的觉察，同时也要承担起这份完整的责任。如果父母一方对孩子身心的滋养存在不足，就会给孩子的身心发展带来影响。虽然说任何父母养育孩子都不可能做到完美，总是存在这样那样的缺憾——有些是生活和工作的原因，有些是父母自身人格与关系的原因，但这所有的一切都会不可避免地作用在孩子身上，在孩子的身心留下痕迹。所以，孩子的人格、情感与关系特征，其实就是孩子与父母各自的独特性互相作用产生化学反应的结果——当然，这个结果一半是可预料的，还有一半是无法预料的，每个孩子的成长过程都是神秘而无法被完全解释的过程,都是由无数个因素共同作用的综合结果。

鱼离开了水,就活不下去;孩子离开了父母,也很难存活。因此,父母永远不要威胁孩子说要抛弃他,这种话既违背父母的初衷,又是不负责任的。这种话说多了,会让孩子记恨和蔑视父母,或者让孩子变得懦弱和胆小,对父母言听计从,让孩子放弃独立的自我和思想,使孩子的思想和行为都依赖父母。同时,这种语言会让孩子的安全感和自尊心受到损害,让孩子每天生活在害怕将来有一天会被抛弃的担忧与恐惧之中。

每一对父母都要对塑造一个新人、一个新的灵魂保持敬畏之心。父母怀着慈爱、感恩、虔诚的态度,认真地抚育孩子,既把它当成一个自我成长和获得圆满人生的机会,也把它当作一个为创造更加美好的世界做出贡献的机会。

每一对父母也正是通过养育孩子,把自己的生命与全人类的命运紧密地联系在一起,让自己融入整个世界生生不息的生命洪流之中。

健康心灵诞生于正确的关系之中

　　一个人的心灵是在关系中产生与成长的，有什么样的关系，就会形成什么样的心灵。一个人的思维方式、关系模式、人格结构、性格特征、情感模式以及人生观、世界观和价值观，都是在成长过程中的各种关系里内化形成的。正确的关系孕育完善的心灵，而错误的关系制造有缺陷的心灵，我们所有人都无法避免关系对我们人格与心灵的影响和塑造。

　　在成长过程中，孩子会与外界建立各种各样的关系，如与母亲的关系，与父亲的关系，与家庭其他成员的关系，与朋友的关系，与同学的关系，与老师及其他长辈的关系，与陌生人的关系，与社会的关系，与整个世界的关系，等等。孩子正是在这些关系中成为他自己，如果这些关系出现了缺陷、扭曲或无法获得，那么孩子的内心世界、人格、人性就有可能存在缺陷或扭曲。因此，父母养育孩子的过程，其实就是创造条件帮助孩子与以上所有一切建立良好关系的过程。可以说，孩子所获得的关系越丰富，质量越高，孩子的心灵就会变得越加完善和丰富，反之，则会出现相反的结果。

　　父母在养育孩子的过程中，要重视亲子关系的建设和维护，它是一项需要花费时间和投入情感的工作，好的亲子关系并不是天生就会拥有的，也不是到了一定阶段就可以不管的。亲子关系是影响孩子人格发展的核心关系。父母如果发现亲子关系出现了矛盾和裂痕，就要及时采取措施进行修复和弥补，不要等到关系变得疏离了再去做修复工作，那时，孩子的心灵损伤已经产生，修复的工作会比较困难。另外，如果发现孩子在其他方面的关系的建立存在困难，或者偏离了正确的方向，父母就要及时地进行调整和协助，以帮助孩子的这些关系回归正道，否则的话，孩子的心灵和情感就会受到折磨和扭曲。

为了能跟孩子建立良好的亲子关系，父母首先要处理好自己与外界的关系。当父母能够与自己、父母、朋友、社会、世界等建立正确的关系时，他们才能够有效地帮助孩子跟所有这一切建立正确的关系。另外，父母与孩子的关系首先应该是普通的人与人的关系，然后才是特殊的亲子关系。如果在关系中忽略了人与人的平等，那么亲子关系就会变成一种狭隘的、片面的和占有的关系，这种关系会影响孩子独立人格、普遍人性和健康心理的形成，也会影响孩子跟他人建立人与人关系的能力。

生活就是关系的艺术，教育也是建立在正确的关系的基础之上的。当父母帮助孩子把各种关系建设好，孩子的情感就会比较健康和阳光，孩子的学习和成长就会比较顺利。在健康、安全、稳定的关系中，孩子的各种潜能才会被充分开发出来，孩子才能自由地去爱，去感受，去反思。

依恋是贯穿一生的需求

从摇篮到坟墓，依恋一直是我们生活的主题之一。

婴儿对父母的心理依附，就如对空气和食物的依赖一样，生死攸关。在生理上，孩子只有依赖父母才能生存；在心理上，孩子也是在依恋父母的过程中获得成长的。心理学家研究表明，如果孩子没有办法从父母那里获得足够的心理依恋，孩子的心理成长就会出现问题，孩子的安全感会很低，学习生活也会受到严重影响，从而导致孩子产生抑郁或焦虑的人格特质。

心理学家把孩子对父母的依恋分为四种类型，由此产生了四种类型的人际关系依恋模式。

安全—自主型。婴儿对父母的依恋获得较好的满足，因此，在人际关系中，安全感会比较高，不会担忧被抛弃，分离的时候也不会焦虑，能够比较淡定从容地与他人相处或分离，他的情绪会比较稳定，因此，人生幸福感会比较高，而且人际关系和职业生涯会比较成功。

回避—冷漠型。孩子在寻求对父母的依恋满足时遭到了挫败，所以为了避免再次受伤，孩子采取回避的策略。这并非孩子不想再依恋父母了，而是一种自我保护的防御措施。这种类型的孩子在与他人的交往中会主动采取撤退和疏远他人的策略，因为他心里有着被拒绝和冷落的心理阴影，所以就想当然地认为所有人都会这样对待他,于是选择在他人离开他之前,先保持距离或主动离开,以免再有被抛弃的痛苦。这样的孩子很难与他人建立安全、稳定的亲密关系,他的过度防御会让他人无法靠近他,因此,他很有可能一生都生活在孤单与逃避之中。

矛盾—迷恋型。婴儿对待父母和他人,一方面想依赖,另一方面又想要逃避,他总是在两者之间犹豫不决。产生这种"矛盾"的原因是孩子在早期寻求对父母的依恋中受到了挫败,但是挫败感还没有达到让孩子完全放弃和逃避的程度;或者父母心情好的时候让孩子依恋,心情不好的时候就拒绝孩子,导致孩子处于既想接近父母又想抗拒父母的矛盾之中。具有此类依恋风格的孩子情绪会长期处于焦虑不安之中,在人际交往中会显得比较敏感并容易受伤,总是处于想要接近他人,同时又排斥他人的心理冲突与纠结之中。

混乱—未解决型。这种类型的孩子在关系中所受的创伤是最严重的,不仅无法得到正常的依恋满足,甚至会受到依恋对象的威胁和攻击,因此,他们的心理极度不安全,他们经常处于严重的焦虑与恐惧状态,在陌生或者有危险的环境中甚至会导致解离和心理崩溃。此类孩子的自我功能和建立关系的能力都很低,因此,他们在人际关系中经常会处于混乱状态,有时会沉默不语,有时会焦躁不安,有时言语行为紊乱,他们的情绪和反应变化很快,让人难以捉摸。

父母与孩子的关系是孩子健康成长的核心因素,当父母能够与孩子建立亲密的亲子关系,能够充分地满足孩子的依恋需求时,孩子的人格、自我、情感、安全感、人际关系能力等才有可能健康发展起来,否则就会导致很多心理问题的产生。因此,父母对孩子的陪伴不仅是满足孩子的情感需求,同时也是孩子人格发展和心理发展的根本需求,缺少了陪伴,孩子的健康成长几乎变得不可能。

好的亲子关系，需要父母用心投入

有一个关于一对夫妻的故事：

一个男子中风了，左边的身子不能动，心里十分痛苦。亲友们去安慰他。他说，我不害怕我的病治不好，我担心我的妻子留不住。没过多久，他的妻子果然离开了他。

亲友们骂那个女人薄情。男子说，不要责备她，是我不好。接着，他忏悔道：她做饭忙不过来的时候，我坐在电视前无动于衷；她生病需要去医院的时候，我以工作忙为由让她一人前往；她买了件衣服，满心欢喜地问我怎么样时，我的眼睛甚至都不瞟上一眼；她需要我陪伴的时候，我为了赢得上司的青睐，在办公室陪他们打扑克直至深夜；她想和我聊天的时候，我不是在电脑前忙碌就是困得想睡，给她的时间少之又少。

我们的婚姻早就因为我的这些行为而中风，只是我原来没有感觉到。现在我左边的身子不能动了，我一下子感觉到了。

后来，有人把这些话说给男人的妻子听，男人的妻子非常感动：既然他这么说，我就回去吧。在女人的精心照料下,男人渐渐康复。

有一次,他们一起在黄昏中散步,女人问,怎么会想到婚姻也会中风这样的事来?男人说,当我的右手因蚊子叮咬而奇痒的时候,我的左手一点反应都没有,假若我没中风,会出现这样的情况吗?过去,你那么辛苦,而我一点都不去分担,我想,这就是婚姻中风了。

现在,他们已成为一对恩爱夫妻,通过那场病,男人发现了一套新的婚姻理论。

夫妻应该像左右手一样。左手提东西累了,不用开口,右手就会接过来;右手受了伤,也用不着呼喊和请求,左手就会伸过去。假如一个人的左手很痒,右手却伸不过来,这个人的身体不是中风了,就是瘫痪了。

婚姻如同爱情的身躯,假若一方不能主动地去关怀对方,久而久之,随着不良状况的加剧,婚姻也会中风瘫痪。

亲密关系的维持需要双方不断地注入新鲜的情感血液,需要经常地互相帮助,互相鼓励,互相欣赏,等等,才能获得美好的结果。养育孩子就像是谈恋爱,良好亲子关系的建立,也并非父母生下孩子就自然而然能够拥有,血缘关系只是建立良好的亲子关系的一个生物性基础,而实际的关系质量如何,是需要父母用心去耕耘的。

在亲子关系中,父母要勇于向孩子分享自己的情感,让孩子理解你。当孩子越是理解你的时候,他就会越体谅你,越会照顾你的情绪,听你的话,亲子关系也会更加亲密。当然,父母表达自己情感的时候也要节制,因为孩子可能无法承受和处理太多的情感,孩子可能因此会被父母的情绪所淹没,失去了对自己情绪的知觉。另外,父母在现实生活中,感到紧张、焦虑、压力、恐惧和冲突时,不可避免地会在互动中把这种情绪传递给孩子,导致孩子的拒绝和对抗。因此,父母在养育孩子的过程中,要调整好自己的情感和心理,才能和孩子建立和谐且完整的关系。

父母与孩子之间有情感的流动,才能让父母与孩子的心联结在一起。很多父母虽然跟孩子一起生活,但很难跟孩子建立深刻的情感联结,表面上是在一起,心却从来没有紧紧地贴在一起。从这个意义上讲,孩子的心一直处在孤独之中。在现实中,我们可以看到很多父母陪伴孩子只停留在形式上。虽然人在孩子身边,心却一直被其他事情所占据,或者干脆看电视、玩游戏等,父母的注意力和情感根本没有投注在孩子身上,同样会让孩子感到自己被忽略与冷落。也有的父母把陪伴孩子的时间都转变为批评、指责孩子的教育时间,平时没有时间教育孩子,陪伴的时候就对孩子这个不满意,那个不满意,结果让孩子感到更加难堪与痛苦。这两种陪伴方式都没有给孩子的心灵注入情感的暖流,无法让孩子感受到父母的爱,反而会拉开亲子之间的心灵距离。一旦亲子之间的心灵失去了紧密的联结,那么父母与孩子都会有受伤的感觉,都无法享受在一起的时光。

愉悦感是良好亲子关系的标志。当父母与孩子之间的关系变得轻松而愉快时,孩子才会对父母放下警惕与防御之心,才能自由地思考和行动,否则,他的能量会被紧张的关系给束缚住,他的思维能力、行动能力和能量水平就会变得很低。父母与孩子都能够在关系中体验到愉悦感,这是高质量的亲子关系的重要标志,也是推动孩子身心健康成长的核心要素。

　　父母与孩子,不要成为同一个屋檐下的陌生人。亲子关系需要用心的投入与呵护,不要等到关系"中风"时再来补救,那可能为时已晚。

创造与孩子心心相印的机会

有一个故事：

一个年轻人去买碗，来到店里，他顺手拿起一只碗，然后依次与其他碗轻轻碰击。碗与碗之间相碰时立即发出沉闷、浑浊的声响，他失望地摇摇头。然后去试下一只碗……他几乎挑遍了店里所有的碗，竟然没有一只满意的，就连老板捧出的自认为的店里的碗中珍品，也被他摇着头失望地放回去了。老板很纳闷，问他老是拿手中的这只碗去碰别的碗是什么意思？他得意地告诉老板，这是一位长者告诉他的挑碗诀窍，当一只碗与另一只碗轻轻碰撞时，发出清脆、悦耳声响的，一定是只好碗。

老板恍然大悟，拿起一只碗递给他，笑着说："小伙子，你用这只碗去试试，保管你能挑出自己心仪的碗。"他半信半疑地依言行事。奇怪！他拿的每一只碗都在与这只碗的轻轻碰撞下发出清越的声响。他不明白这是怎么回事，惊问其详。老板笑着说，道理很简单，你刚才拿来试碗的那只碗本身就是次品，你用它试碗，那声音必然浑浊，你想得到一只好碗，首先要保证自己拿的那只也是好碗。

若想一只碗跟另一只碗碰撞时发出悦耳的声音,必须两只碗都是好碗才行。同样地,在亲子关系中,一颗心与另一颗心相撞,想要听到优美的声音,必须亲子双方都抱着真诚、信任、关爱的态度才行。如果有一方带着猜忌、怀疑和戒备,那关系自然就变得紧张和疏远了,没有办法做到心心相印。

我们每个人都会根据自己对现实关系的判断来组织自己的行为。在好的关系中,我们的心情舒畅、愉快,我们的行为就会表现良好;如果我们的关系出现障碍,我们就会感到痛苦和怨恨,那么我们的行为也就会变得糟糕。

为何一个孩子无法积极地去做该做的事情,可能的原因就是他的心灵被某种不良的关系、消极的思想或负面的情感捆绑住了。如果父母无法帮助孩子从限制中解放出来,那么孩子就无法有效地行动,表现出来就是懒惰、拖拉、漫不经心、垂头丧气等。

就如何高效能地教育和影响孩子来说,首先就是父母要与孩子建立亲密的、高质量的亲子关系,关系是推动孩子人格和情感发展的纽带和桥梁。孩子只有在安全的关系中,才能实现人类的巨大潜能,教育的最佳状态就是提供这样的一种关系。

因此,当孩子的成长和发展出现困难时,我们首先要去关注自己跟孩子之间的关系到底出了什么问题,如果我们跟孩子之间的关系得到修复,那么孩子的行为就会慢慢地好起来。

"心心相印"是人生最美好的情感体验之一,孩子在成长的过程中也需要与爸爸妈妈有"心心相印"的美好时刻。"心心相印"意味着互相之间充分的接纳与理解、欣赏与认可,这时孩子感觉自己是一个正常的、可爱的孩子,父母也会感觉自己是一对正常的、优秀的父母,亲子之间情感顺畅地流动,互相滋养,互相满足,产生一种"人生如此,夫复何求"的感慨。如果父母尽可能多地创造这种与孩子"心心相印"的时刻,那么孩子的心理一定会更加健康快乐,成长自然也会相对顺利而高效。

心的成长,源于另一颗心的滋养。关系不仅是一种生存的需要,也是一种情绪的需要,是个人行为的枢纽中心,人的一生都围绕它而发展。

父母要经常创造与孩子"心心相印"的时刻。

"抱持"是教育的基础

只有亲子关系达到某种程度,父母才能做某种水平的教育。当关系出现问题时,父母不要急着去教育,要对孩子做一些温暖的"抱持"工作,等到亲密关系恢复了,教育的契机才会出现。父母要做一个"心灵捕手",理解并满足孩子内心真正的需求。

父母与孩子的关系出现裂痕,亲子之间存在一些矛盾和冲突,此时并非教育孩子的好时机。父母此刻所说的道理,会被孩子认为是对他的压制和攻击,因此,不管父母说得多有道理,孩子都会拒绝理解和接受,进而对这些道理产生抗拒的心理,可能以后再也不愿意接受这些本来非常有价值的人生道理。如果父母能够耐得住性子,等到亲子关系比较亲近了,孩子愿意倾听时,再对孩子进行一些教育,就会收到事半功倍的效果。

那么,什么叫"抱持"(Holding)呢? 这是一个比喻的说法。这个术语是由英国儿科医生温尼科特提出来的,他说,当一个孩子刚生下来时,他需要父母用双手把他"抱持"住,因为婴儿是无法靠自己生存和行动的,孩子的身体正是在父母的"抱持"之下逐渐成长起来的。同样地,他认为孩子的心灵也是如此,刚开始时,孩子的心灵也是非常脆弱和无能的,需要父母用自己温柔的目光、亲切的语言、宽广的胸怀"抱持"住,这样,孩子的心灵才有可能逐步成长与强大起来。如果孩子的心灵没有获得父母很好的"抱持"，那么就可能变得脆弱与扭曲。

在孩子心灵成长的每个阶段，都需要来自父母的"抱持"，并非到了一定的阶段，孩子就会完全不需要父母的保护和支持了。一个人即使处于成年阶段，当他遇到困难，心灵陷入困境时，他也需要来自他人的鼓励与支持，因此，对"抱持"的需求是贯穿每个人的一生的。特别是当孩子在成长中遇到困难时，他在学习和交友的过程中遇到障碍时，或者跟父母的需求存在冲突时，心灵都会特别脆弱和痛苦，因此更加需要来自父母的"抱持"以渡过难关。如果这时父母放弃"抱持"孩子，或者责备孩子，那么就等于把孩子一个人扔在痛苦与无助的困境之中。这一方面会加重孩子的情感痛苦，会导致孩子对父母的憎恨，让亲子关系的裂痕变得更深；另一方面，会导致孩子的心灵变得更加黑暗与脆弱，从而影响孩子心理的健康成长。

相反，如果父母能够敏锐地感受到孩子的脆弱与痛苦，并且通过自己的"抱持"行为，主动去修复亲子关系，疗愈孩子的心理创伤，那么这样不仅能够提升亲子关系的质量，帮助孩子从创伤中迅速恢复过来，而且能为父母教育孩子和促进孩子成长创造良好的机会。当孩子感受到父母的爱与关注时，孩子会更加愿意接受父母的教导，并从中获得成长与前进的动力与勇气。

父母对孩子的"抱持"是"教育"孩子的基础，"抱持"做得越到位，"教育"的效果就会越好。所以，当亲子关系出现问题，或者发现孩子的心理存在一些问题时，父母要记得先做一些心灵的"抱持"工作，等到亲子关系变好了，孩子的心灵变得更加积极和开放了，好的教育时机才会出现，教育也会更有效果。

亲子关系中的爱与恨

"爱"和"恨"总是连在一起的,所谓"爱得越深,恨得越切"。当一个人深爱另一个人的时候,心里就装满了他,对他投注了自己所有的情感,而当被爱的对象不接受你的爱或者不能给予相应的回馈时,你就会感觉心被掏空,在心理上留下一个巨大的黑洞,并产生空虚、被忽略和没有价值的体验,由于这种感觉是如此难受,久了,对被爱对象的恨也就自然而然产生了。

"爱"是所有情感的根本,"恨"的情感是次发的,"恨"是因为"爱"得不到回报,或者得不到想要的"爱"。与"爱却被拒绝"和"得不到想要的爱"的痛苦比起来,"恨"更容易让人接受,所以"恨"其实是对"失去爱的痛苦"的一种防御手段,是用来宣泄"失去爱的痛苦"。

比"恨"更浅一点的情感是"愤怒",或者说"愤怒"是"恨"的外在表达形式,其实也是对被爱对象投注情感受到挫折的结果,表面看来"愤怒"的人很恐怖,很强大,实际上这也是心灵受伤的结果,他的内部很虚弱。真正的强者不需要通过发怒的方式来征服对手,发怒正是因为发怒者觉得没有办法解决问题,是无奈情绪的爆发。他希望通过发怒的方式让对方屈服,但往往事与愿违,因为他无意中露了自己脆弱的底牌。另外,发怒者本意是因为"爱",结果却用"恨"的方式表达出来,接受者会认为发怒者是恨他的,结果是"爱的对象"更加疏远他。

我们都知道"天下的父母都是爱孩子的",这一点是绝对可以相信的,虽然爱的程度不同,但爱总是存在的。由此,我们也可以推导出,父母对孩子的"恨"也总是存在的。我们会发现有些父母越是爱孩子,越是"恨铁不成钢",结果就是让孩子离他越来越远,或者跟他对着干。很多孩子说:"都说父母是爱孩子的,为什么我没有感觉到呢?他们为什么老是对我指手画脚、唠唠叨叨,不喜欢我做的任何事情,老是对我发脾气呢?"有些孩子还说:"他们对别人家的小孩都是非常友好和礼貌的,唯独对我什么都不满意,凶巴巴的。"

究竟是因为什么才会发生以上的情况呢?正是因为父母对孩子天生就拥有着那么深刻的爱,"恨"也就变得不可避免了。特别是当父母心中对孩子充满很高的希望和期待,渴望孩子能够非常优秀或者是个天才,而当孩子跟他们的理想目标相距甚远的时候,父母的心就被极大地伤害了。如果父母身居要位,追求完美,极具虚荣心,那么孩子的不优秀就会成为他们心中永远的痛,孩子对他们心灵的伤害将是双倍的。这样的父母虽然在工作中可以呼风唤雨,但对孩子无能为力,眼睁睁地看着他离自己的目标越来越远,怎么不叫他们恨得咬牙切齿呢?所以在这种情况下,亲子关系会遭到极大的破坏,会变得非常紧张,父母的情绪是恐惧、焦虑和愤怒的,这对孩子的成长来说无疑是一场灾难。

当然,一般的父母都不会走得这么远,但基于对孩子的爱和对孩子未来的担忧而产生的恐惧、焦虑和愤怒是非常普遍的,我们必须正确地面对它并转化它,否则会把它不知不觉中宣泄到孩子身上,给孩子的心理健康和阳光人格的成长带来负面影响。

而且当父母的负面情绪太多时，自身的正能量就会流失的非常快，那么传递给孩子正能量的能力也就下降了，反而会不断地给孩子带来负能量，导致孩子学习、生活和成长都没有动力，对一切都不感兴趣。那么父母该如何调整自己的养育心态，减少对孩子的"恨"意，增加自己爱的正能量呢？以下几个方面可能会对你有所帮助。

一、理解自己对孩子的负面情绪是因为"爱"孩子，不再为自己对孩子做错事而内疚和自责，让自己重新回到"爱"上来，一旦重新有了"爱"的态度，父母的正能量就会回来。

二、当产生负面情绪的时候，自己分析它产生的原因，并把注意力转移到解决问题上面去，而不是仅仅满足于宣泄情绪。

三、阅读家庭教育方面的书籍，掌握更多的养育方法和技巧。一方面，你可以从书中吸取力量；另一方面，当你懂得更多的方法和技巧之后，你就有更多的选择，你就不会感到无可奈何，你会找到更好地解决问题的方法。

四、寻找专业人员进行一段时间的家庭教育咨询，这样对调整自我情绪、掌握和学习有效的养育孩子的技术以及提升教育孩子的能量是非常有帮助的。

五、参加家庭教育沙龙，和其他父母结成教育联盟。养育孩子是一项非常辛苦和持久的工程，父母孤军作战往往会感到力不从心，如果能跟其他家长共同交流和分享育儿的感受和经验，你会发现大家跟你差不多，你也就不会那么责怪自己没有把孩子教好，因为你的困难大家也都有，同时你也可以从他人那里得到一些启发。

六、找到自己喜欢做的事情，从其他事情上获得生活的乐趣和成就感，不要把养育孩子作为唯一的兴趣，否则你不仅会把孩子压垮，同时也无法给自己增加快乐的正能量。

父母会"恨"孩子，孩子也会"恨"父母的。那么，孩子为何会"恨"父母呢？难道他不知道父母是"爱"他的吗？在亲子关系融洽的时候，孩子肯定都是知道父母是爱他的；但当亲子关系发生冲突的时候，孩子就很难感受到爱。很多孩子说，父母根本不理解他们，也不懂得怎样去爱他们。对于孩子来说，父母是"爱"的最主要来源，人世间其他人可以不爱他，也可以不理解他，但父母怎么能不理解和不爱他呢？他对父母的爱的需求是如此迫切，但父母整天批评、指责他，怎能不叫他生气和愤怒呢？所以孩子对父母的"恨"是由得不到父母的爱引发的，在孩子反叛和愤怒的背后隐藏着孩子对父母的爱的渴望。

父母对孩子的"爱"也需要用恰当的方式表达，是以孩子能否准确有效地接收为衡量标准的；当孩子接收不到的时候，"爱"也就消失不见了。父母表达爱的语言、语气、态度、时机和分寸都非常重要，如果有一方面掌握得不对，就有可能被孩子理解为对他的控制和排斥。很多时候，父母以唠唠叨叨、批评责骂和严格要求的方式向孩子表达他们的爱，希望能通过这种方式让孩子变得优秀，但结果很可能会被孩子误解为父母对他的"恨"。

有人说，世界上最大的战争就是父母和孩子之间的斗争。这的确是人世间最悲惨的事情，本来是世界上最亲密、最美好、最温馨、最让人满足的一种关系却变得像敌人一般，实在是令人遗憾。所以，我们每个人都要学会用恰当的方式去表达"爱"，用"爱"去化解"恨"，让"爱"在家庭中更顺畅地流动，让父母和孩子都能从相互的"爱"中得到滋养，共享"爱"的美好。

不要与孩子对抗，也不要逃避冲突

即使再小的孩子也有他人无法剥夺的权利和斗争武器，比如哭泣、不合作、闷闷不乐、垂头丧气、做事拖拉、动作缓慢、不礼貌、说话难听、不学习等，这让父母对之感到无能为力。所以当父母与孩子没有建立起好的关系时，养育孩子的过程就会变得非常艰难和痛苦。

孩子比我们有更多的时间和精力跟我们对抗，如果我们没有找到好的办法引导孩子跟我们合作，也许到我们老的时候，孩子还在抵抗我们。当然，这个亲子战争中没有胜者，父母没有办法让孩子学会合作和谅解，教会孩子他们想教的东西，孩子也没有从父母那里学会人生应该学会的东西，最终，父母和孩子都是失败者。

在养育孩子的过程中，父母要尽量减少与孩子产生对抗。互相对抗会导致亲子双方能量的快速损耗；而当关系和谐时，这种关系会给双方带来温暖的能量。当亲子关系处于对抗状态时，父母与孩子的心灵就会有冲突，内在心灵就会产生分裂和痛苦。而当亲子关系和谐时，父母与孩子的内在就能和谐与宁静，亲子双方就能持续积蓄能量，并把能量用在个人的成长和发展上。亲子关系的对抗最终会瓦解一个孩子的斗志和力量，让孩子的心灵陷入混乱和萎靡之中，导致正常的学习和成长根本无法进行。

　　然而,父母也不要因为害怕冲突而对孩子一再妥协让步。父母偶尔跟孩子发生一些冲突是正常的,父母不要为了维持与孩子表面的和谐关系而故意避免冲突,这会让孩子变得任性或者在错误的方向上越走越远。我们要敢于跟孩子的不良行为抗衡,并在有冲突的时候用冷静的方式处理,用爱和智慧找到双方都能接受的方式解决冲突。当一个冲突被顺利解决时,亲子关系会更加深入,孩子也会从中获得成长与进步,并从父母身上学会面对和处理冲突的方法,这对孩子长大走进社会有非常重大的意义。害怕与逃避只会让孩子的不良行为越来越多,最后会不可避免地导致更大的冲突。如果父母对孩子的学习不认真和行为不良放任不管,那么孩子就会认为,父母认可他这样的行为,他也就用不着努力和改变了,或者认为,在父母眼中他已经没有希望了,父母已经放弃了他。父母对孩子的爱,需要坚持和坚守,长期冷静、坚定地守住规则,仔细地处理与孩子之间的差异与矛盾,督促孩子往正确的方向前进,才能最终避免更大的冲突的发生。

　　父母冷静地处理亲子之间的冲突,也是教给孩子用正确的态度面对和处理人际冲突的最好机会。如果孩子没有机会从父母那里学到处理冲突的方法,当他与别人出现冲突时,他就没有能力和技巧妥善处理。

　　矛盾斗争是成长过程中不可避免的,它会给孩子的成长带来动力和契机,一味地逃避矛盾和冲突,反而会使冲突没有机会得到解决,也无法帮助孩子在冲突中获得进步。当亲子之间的冲突得到妥善的解决时,亲子关系会变得更加亲密和牢固,亲子之间的互相理解与认同也会更加深刻,双方对人性的理解也会变得更加完整和全面,这些都将成为促进父母与孩子共同成长的财富。当然,没有得到合理解决的冲突可能会成为双方心灵的创伤,使双方的心灵都处于矛盾和悲伤之中,让往后的人生都活在它们的阴影之下。

跟万物建立连接

父母要引导孩子既要保持自己心灵的独立，又要与世界万物建立紧密的连接。

每个人都是永恒世界的一个组成部分，我们所有的一切从世界中来，最后有一天也会回到世界中去。如果我们能够深刻地与万事万物建立紧密的连接，我们就不会感到孤独和寂寞，我们会感受到一种深刻的归属感和存在感，生命存在的价值感和意义感，这样，我们也就能够避免对死亡的恐惧，并能最大限度地使用世界的能量，尽情享受生命的美好。

为了帮助孩子跟世界万物建立连接，父母首先要跟世界万物建立连接，不要把自己跟整个世界隔离开来。当父母能够做到紧密地跟外界连接的时候，孩子就可以通过父母这个窗口和纽带，顺利地进入整体世界之中。

在孩子的成长过程中，父母要多花些时间，带领孩子走进自然。自然中到处洋溢着生命和存在的奥秘，这是帮助孩子认识世界和生命最好的机会和地方。每棵树、每朵花、每株草都会用自己的存在向孩子展示生命的本质和美丽，当孩子能够敏锐地感受到生命的美好和珍贵时，他也就会用同样的态度对待自己和他人，他也就能够尽情地畅饮生命甘甜的泉水。很多伟大的人物都有在自然中获得生命顿悟的体验，这种体验改变了他们的灵魂,让他们的心灵达到了从未有过的高度,并给了他们强大的能量,让他们能够超越狭隘自我的约束,让他们的心灵变得高贵且自由。这是我们每个人梦寐以求的生活,很多时候我们只有在大自然中才能深刻地感悟到。

同时,父母也要积极地带领孩子进入现实的社会之中,让孩子关心整个社会和人类的生活,让孩子跟他人建立紧密的连接。只有当孩子关心社会时,他的心灵才能从个人的自我中心中走出来,他的心灵才能逐渐变得完善和完整。人是社会的人,完善的人性也只有在社会中才能被塑造出来,一个孩子无法跟社会建立密切的连接,不关心社会生活和他人的命运,就意味着孩子的人性无法得到正常完善的发展。因此,引导孩子学会关心社会和他人,跟社会建立紧密联系,既是孩子人性完善发展的前提和基础,也是让孩子拥有健康幸福人生必不可少的条件。父母如果从孩子小时候就把他限制在家庭之中,不让孩子跟外界接触,跟同龄人交流,或者教育孩子要为自己的利益着想,那么就会让孩子跟世界分裂开来,导致孩子长大之后拥有一颗狭隘而自私的心,无法融入整体的世界之中。这样的一种分裂状态,也会导致孩子对人生产生虚无感,会觉得人生无价值和无意义。一个充实、有价值和有意义的人生只有在社会关系之中才能实现,如果脱离了世界,一个充实又有意义的人生就会变得不可能。

培养孩子对自然万物、世界和他人的关爱之心,让孩子早日与外界建立密切的联系,这是帮助孩子获得完善的心灵,发展出健康人性的最好方法,同时也是让孩子获得幸福和美丽人生的最佳途径。

亲子沟通的三个层面

现代心理学研究表明,人与人之间的交流互动可以分为宏观、微观和神经心理学三个层面。宏观和微观层面是我们可以意识到的,而神经心理学层面是我们无法意识到的。三个不同的互动层面各有优势,互相补充,形成一个整体,影响并决定了两人之间互动的深度和质量,也决定了两人之间的关系的性质以及心灵的亲密程度,同时,它又影响了两人的反应与行为。

父母与孩子会在以下三个层面进行沟通互动。

宏观层面。包括父母的自信、快乐、慈爱、一致性、组织、保护、共情和同情等态度与行为。当父母的这些品质共同作用于孩子,孩子就会感觉到"爱",孩子会内化并回报父母的这些情感和行为模式,并使之成为其自身的人格和反应技能的一部分。对于父母的这些宏观层面的信息,孩子是可以通过父母的言行直观地感知到的,它们会鲜明而强烈地刺激孩子的感知系统和意识,对孩子进行直接的影响。

微观层面。指父母与孩子之间的微观互动,比如目光注视、情感交换、亲子游戏、接触时的抚摸、"抱持"和彼此的体态调整,相互进行言语表达时的语调、音色、音高等,这是真正体现父母养育方式的核心环节。这种互动会在孩子生命的第一年里重复无数次,为孩子提供了依恋关系、情感安全及独立自主等心理需求的满足。这个层面的亲子互动,有些是孩子可以直接意识到的,有些却是在无意识层面上协作发生的,它们更多的是一种直觉的反应性行为。如果父母眼神冷漠,表情僵硬,跟孩子很少有肢体接触和亲近行为,那么孩子就会感觉父母跟自己之间的距离很遥远,孩子的内心就会陷入孤单与寂寞之中,很难形成稳定的安全感,也很难感到放松和愉悦。

神经心理学层面。早期亲子互动的经验影响了婴儿大脑的发育过程,也可能直接影响婴儿大脑分化和组织发展的进程,并影响到婴儿在更大范围内的社交和非社交环境中植入信息及处理信息的能力。正确的感觉和时机造就了父母与婴儿每时每刻的良性互动。感觉和行为结合,反过来促进神经心理的发展,并相应地促进良好的情绪发展。如一个正在哭泣的婴儿,母亲抱起他后,他马上就停止了哭泣,即使母亲不跟婴儿说什么,母亲身上熟悉的味道、母亲的体温、母亲的脉搏和心跳的频率、母亲身上所有神经细胞在拥抱瞬间对婴儿所产生的反应也能让婴儿感到安全和舒适,婴儿所有的神经细胞都能够感受到母亲的存在,从而全身心地放松下来。又如,当我们与一个能量水平较高的人在一起时,虽然互相之间没有太多的言语和眼神的交流,但是对方那种宁静、祥和、慈爱的存在会帮助我们让本来烦躁的心平静下来,我们会感到自己内心与之相通,获得了抚慰和滋养,这可能也意味着我们与他人在神经层面产生了连接和感应。

以上所述的三个层面的沟通是一个由外到内、由远及近的立体过程,而且越是深层发生的沟通互动,沟通的效果会越好,对心灵的影响也会越大。父母要想取得良好的沟通效果,就要注意使这三个层面都能发挥作用。因此,父母先要修炼好自己,让自己的心灵、心态处于一种比较正向、宁静、祥和的状态，不仅要使自己的言行更加温暖，使自己的微表情、微动作更加丰富、细致，而且也要让自己的每个神经细胞都处于一种最佳状态，这样靠近孩子时，父母才能发挥神奇的互动沟通效果。

有效亲子沟通的一些特征

每对父母跟孩子的沟通方式都不一样,各有各的风格与特点,每对父母都要根据孩子的特点,创造有效的沟通模式,定期跟孩子进行沟通,在沟通中向孩子传递自己的价值观、人生观和人生智慧,帮助孩子成为一个健康、完善、文明的现代人。

好的亲子沟通往往具有以下这些特征:

一、能够促进更进一步的沟通。好的沟通应该是父母和孩子互相向对方开放自己的心灵,双方都坦诚地打开自己的心扉,让对方更好地了解自己,同时也愿意更加深入地了解对方。这样一种真诚和接纳的态度会为对方的表达输入动力,让沟通更加顺畅和深入地进行。

二、向孩子传递接纳与理解。一定程度的接纳与理解,是沟通顺利进行的基础,如果双方都不愿意去接纳与理解对方,那么沟通根本就无法进行,对话就会充满否定与争吵。在准备进行亲子沟通的时候,父母首先要向孩子表达对他一定程度的接纳与理解,增强孩子跟父母进行沟通的意愿。如果父母一开始就带着批判和全盘否定的态度,那么沟通是无法顺利进行的。虽然父母不可能做到完全接纳孩子,但是也要努力去发现和表达自己接纳和认可的部分,这样,孩子才不会从一开始就感觉自己已经没有什么说话的余地了。

三、向孩子传递对他的信任和希望。父母对孩子的信任是亲子沟通的另一块基石,如果父母对孩子一点都不信任,那么孩子就会觉得自己没有说话的必要了。因此,不管孩子目前情况如何,犯什么错误,或者曾经欺骗过父母,父母依然要选择信任孩子,否则,父母就失去了跟孩子进行沟通的机会。同时,父母心里要对沟通产生良好的效果和孩子的成长心怀希望,如果父母都不带有希望和信心,孩子就会对自己感到失望和无助,沟通的动力就不充足,结果可能就不好。

四、给孩子创造一个自由表达的空间,提升孩子表达的动力。孩子往往不会有足够的勇气与父母沟通一些自己感到困惑或困难的事情,一方面是害怕不被父母接纳,或可能会被父母批评;另一方面是他的思维能力和表达能力还没有充分发展起来,不知如何去跟父母交流。因此,父母要主动地去跟孩子交流,沟通时先向孩子表达自己接纳与理解的态度,鼓励孩子尝试表达自己的观点和看法。父母倾听的过程就是帮助孩子整理自己的思路,提升孩子的思维能力和表达能力的过程,这对促进孩子心理的成熟是非常重要的。如果孩子没有办法准确而清晰地表达自我,那么孩子的思维和思想就会处于混乱之中。正是父母的倾听、欣赏、鼓励为孩子创造了一个自我表达和反思的空间,促进了孩子心灵与思维的成长与成熟。

五、有利于提升孩子成长和执行的动力。父母要在沟通中主动地向孩子表达自己对他的爱和关心,当孩子感受到父母的爱时,孩子的心就会被感动和滋养,孩子也就会更愿意倾听和理解父母,也更愿意接受父母的教诲和指导,同时也会更有能量去执行。父母在评价自己跟孩子沟通的效果时,要注意观察孩子在沟通之后的反应，如果孩子变得更加轻松、有活力，更有动力去学习和做事，则意味着沟通取得了良好的效果。相反，如果孩子变得闷闷不乐、烦躁不安、失去活力，并变得不想做任何事情，那么沟通就没有效果，甚至可能是负效果。父母要意识到跟孩子沟通的最根本目标是让孩子拥有成长的动力。有些父母跟孩子沟通时，只顾自己讲得爽，讲完之后感觉自己压力减轻了，焦虑缓解了，觉得自己尽到了做父母的责任，把人生道理讲得很深刻，但孩子还是没有动力去执行，那么这种沟通就没有取得预想的效果。

六、消除误解与差异。亲子沟通的另一个目标是消除互相之间的误解，并能进一步尊重各自的想法与差异。在亲子关系中，互相的误解在所难免，但误解肯定会影响亲子关系的质量和情感，因此，父母要经常性地、主动地跟孩子交换彼此的想法，澄清一些问题，让亲子之间能够更加透明和清澈。相反，如果沟通之后，亲子之间的误会加深了，那么这种沟通就应该尽量避免，或者要寻找另一个机会重新进行沟通，以消除误会。

七、理解孩子的言外之意。倾听孩子说话时，父母不仅要听懂他说话的表面内容，更要领会其中的言外之意，以及隐藏在语言背后的情感和渴望。当父母能够懂得并给予适当的满足时，孩子才会对父母的理解和成全充满感激，亲子之间的关系才会更亲密，孩子以后也会更愿意跟父母沟通。

八、说话的方式与内容都要一样美好。父母在教育孩子时，要努力做到自己的语言和行为一样美好，尽量不要让自己的语言和教育行为对孩子的自尊心和安全感造成威胁。一旦孩子感受到你的言行是对他进行的攻击和贬损，那么孩子就不会在乎你所讲的内容以及你背后的善意。好的出发点并不代表父母可以放任自己的言行和情绪，这种不尊重和过激的教育行为本身就是一种受伤害的结果，并非一种健康而美好的行为。

九、抱着向孩子学习的心态。亲子沟通是一个互相学习的过程，双方都要带着学习和感恩的心。如果父母带着一种居高临下、教训的语气，就会让亲子沟通很难有效地进行下去，孩子会变得沉默不语。当孩子发现父母根本不想听他说话的时候，或者认为他说出来的东西很傻的时候，孩子会觉得自己根本没有开口的必要。如果父母承认孩子有些方面是值得学习的，并虚心地向孩子学习，那么孩子就会感受到父母尊重和欣赏他的能力，这会促进孩子自我价值感的提升，使他产生与父母进一步沟通的动力。好的沟通应该是双方都能从中获得成长与滋养，双方的心灵领域都能获得拓展与提升。

十、保持说和听的平衡。亲子之间进行沟通，听与说最好保持平衡。听是一个接纳与理解的过程，而说是一个控制与干预的过程。听孩子说话就是一种向孩子表示爱的最好方式，而说有时则会被孩子理解为对他的攻击与入侵。当父母说得太多而听得太少的时候，孩子会觉得自己承受得太多，会感到不公平。所以，父母跟孩子沟通时，最好是"倾听一大堆，说的一点点"，这会比较受孩子的欢迎，从而达到较好的沟通效果。

情感是亲子沟通的核心与媒介

　　跟孩子交流，表面上是信息交换的过程，而在深层次上是情感互相流动的过程。父母在与孩子沟通时，要把重心与注意力放在如何准确理解孩子的情感以及恰当地表达自己的关爱上，而不是放在如何传递信息和教训孩子上。当父母深入地理解孩子的情感时，孩子才会感到被接纳与爱，孩子才会有心情去理解父母讲话的内容，并愿意按照父母的意愿去行动。

　　情感也是亲子沟通顺利进行的媒介，信息沟通背后总是蕴含着情感的暗流。积极的情感推动沟通的发展与深入，消极的情感则会阻碍沟通的有效进行，甚至会导致沟通的中断。情感如河水，而信息是河上的帆船，当积极情感从父母的一端持续流向孩子的心灵时，父母想要表达的信息就会顺畅地流进孩子的心灵；如果父母没有贯注情感或者是带着负面情感跟孩子沟通，那么孩子就会抵抗父母想要表达的信息内容。

　　情感传递也是促进亲子关系的关键所在。如果父母在跟孩子交流的过程中，隐藏自己的情感，或者总是表现出不耐烦和生气的情感，那么孩子为避免负面情感给自己的心灵带来痛苦，会主动选择撤退和保持距离，亲子关系就会变得越来越疏远。相反，如果在亲子沟通中，父母积极主动地向孩子表达自己的爱、欣赏、认可等正面情感，孩子的心灵就会受到滋养和鼓励，孩子自然就会更加愿意亲近父母,亲子关系的亲密度和质量就会获得提升。亲子关系的发展反过来又会提升交流的效率与质量。

教育的过程在很大程度上就是父母与孩子进行有效沟通的过程。父母如果想要获得好的沟通效果,就要在沟通的过程中密切关注孩子的情感状态以及自己的情感状态,只有当父母深刻地理解孩子的情感,同时向孩子表达自己爱的情感时,有效沟通才能发生,亲子关系的质量才能提升,最终才会取得较佳的教育效果。父母如果忽略了情感的因素,就会导致沟通和教育的失败。

对自己说的话可能对孩子产生的影响保持敏感

　　有时候，语言是爱的表达，会促进心灵的靠近；有时候，语言是一种防御和攻击，会导致距离与伤害。所以，父母在与孩子沟通时，开口之前，最好先冷静思考和预测一下，接下来自己要说的话，可能会对孩子的心灵产生一种什么样的影响，是有利于亲子关系质量的提升，有利于孩子成长动力的增强，还是会导致亲子关系的疏远，并让孩子变得灰心丧气呢？如果是后者的话，那么父母就要尽量去避免，或者选择用另外一种方式表达。父母说的每一句话都会对孩子产生一定的影响，所以，父母要对自己说话的结果有所预判和觉察。如果父母对自己的语言可能给孩子产生的影响缺乏思考的话，父母就很难达到自己想要实现的沟通目的。

　　父母要理解自己的每一句话背后都隐藏着一种价值观，以及自己对待生活和孩子的态度，父母要学会经常性地反思自己言语背后的情感与含义，避免自己在无意中把一些未经思考的、负面的情感、态度和价值观传递给孩子，给孩子的心灵及未来人生带来伤害与痛苦。

倾听，让两颗心连在一起

以前读过一篇故事：

一位年轻的总裁，以较快的车速，开着他的新车经过住宅区的巷道。他必须小心驾驶，以防玩耍中的孩子突然跑到路中央。当他觉得小孩子快跑出来时，他就要减慢车速。

就在他的车经过一群小朋友的时候，一个小朋友丢了一块砖头打到了他的车门。他跳出车外，抓住那个小孩，把他顶在车门上说："你为什么这样做，你知道你刚刚做了什么吗？"

接着他又吼道："你知不知道你要赔多少钱来修理这台新车，你到底为什么要这样做？"

小孩子求着说："先生，对不起，我不知道我还能怎么办？我丢砖块是因为没有人停下来。"小男孩一边说一边擦着从脸颊上滑下来的眼泪。

他接着说："因为我哥哥从轮椅上掉下来，我没办法把他抬回去。"

那男孩啜泣着说："你可以帮我把他抬回去吗？他受伤了，而且他太重了我抱不动。"

这些话让这位年轻的总裁深受感动,他抱起男孩受伤的哥哥,帮他坐回轮椅上,并拿出手帕擦拭他哥哥的伤口,以确定他哥哥没有什么大问题。

那个小男孩感激地说:"谢谢你,先生,上帝保佑你。"然后年轻总裁看着男孩推着他哥哥回去。

年轻总裁返回新车的路变得很漫长,他也没有修汽车的侧门。他保留着车门上的凹痕就是提醒自己:生活的道路不要走得太匆忙,以至于必须让别人扔下砖头才能引起你的注意。

当生命想与你的心灵低语时,你有两种选择:倾听你心灵的声音或让砖头来砸你。

这个故事启示我们,不要过于匆忙地生活,以至于没有时间和心情去聆听和关心身边的人。结果只有当生活用砖头来砸你的时候,你才知道自己忽略和错过了许多生命中美好的东西。

每个人都有表达与倾听的需要。表达是向世界展示自己的过程,目的是让外界了解自己;而倾听是向世界打开自己的心灵之门,让他人进入自己的心灵之中。我们正是通过表达与倾听,让自己的内在心灵与外在世界进行沟通交流,从而让自己的心灵与世界建立连接关系。当我们的"表达"因无人倾听而被阻断时,我们的心灵就会瘫痪,内在情感就无法自由地流淌,就像是河流被阻塞一般,淤泥会越积越多,会暗中腐蚀堤岸,直到有一天彻底崩溃坍塌。

要让孩子健康成长和保持宁静快乐,孩子的心灵就需要有人倾听。倾听孩子就是给孩子最大的爱与尊重,让孩子的情感能够自由地宣泄,顺畅地流动。父母对孩子的倾听,也是跟孩子建立良好亲子关系的根本途径。倾听意味着父母把自己的心灵之门向孩子打开,欢迎孩子进入自己的内心世界;倾听意味着孩子在父母的心中有重要的地位,父母的心灵永远有一个地方是留给孩子的,孩子随时可以进来,在里面休息;倾听意味着父母对孩子心灵与情感的接纳、包容与珍视,这些将带给一个孩子最美好的人生体验。如果父母根本没有时间和心情去倾听孩子,孩子就很难跟父母建立亲密的连接,自然也就感受不到父母的爱,那么孩子的心灵就会陷入孤单和寂寞之中。

父母的倾听能够帮助孩子更好地表达自己和认识自己。当孩子发现父母对他所说的内容非常感兴趣时,他就会有更强的动力和更多的自信表达自己。孩子表达的过程,就是诉说自己人生成长体验的过程。本来只是模糊的、碎片化的体验,在诉说的过程中,这些体验会变得清晰、明朗和系统化。父母通过自己的倾听,可以帮助孩子整理自己的人生经历,让孩子更加了解自己的过去和现在,这样,孩子的自我认知与自我概念就会变得更加和谐统一。可以说,父母倾听孩子,是促进孩子思维能力和表达能力的发展以及心灵整合最好的途径之一。

另外,父母的倾听也是帮助孩子疗愈心灵创伤的一方良药。孩子在成长过程中总会遇到许多的困难和挫折,因而心灵总会有一些创伤和痛苦。这些负面的情感就像是一汪有毒的河水,在心灵的河床上暗中流动,会腐化孩子的快乐与成长的活力。如果父母在孩子面对人生困境时,能够提供两只耳朵去认真倾听,那么就可以帮助孩子把这汪有毒的水引导出来,让孩子的心灵恢复清澈明亮。如果在孩子拥有一些负面的情感情绪时,父母却不关心，也不愿意去倾听理解，那么这些负面的情感就会把孩子给淹没。它要么转化为各种心理和行为问题表现出来，要么化为躯体症状表现出来。所以，父母如果没有时间去倾听孩子，可能就要花更多的时间去处理孩子的各种行为问题和身心疾病了。

　　倾听是让父母走进孩子内心世界的最近的通道，唯有互相倾听，才能让两颗心紧密地连在一起。

批评是摧毁，而赞赏是建设

有一个农夫在田里耕地，有两头牛在前面拉着犁，这时有个人走过来大声问他："你觉得这两头牛哪一头力气更大一些?"农夫默默不语，等到牛走开了，他才悄悄地跟那个人说："我觉得右边的那头牛力气更大一些。"问话的人感到很惊讶，不明白他为何要这么轻声说话，农夫说："我怕另一头牛听了会不高兴，然后就不再出力耕地了。"动物也是有情感的，如果我们对它们好，表扬它们，它们也会对人好；如果我们不喜欢它们，批评它们，它们也会伤心难过。

同样地，我们对待孩子的态度也会影响他们的情绪和行为。父母的语言就像是雕塑家手中的刻刀，父母的每一句话都会在孩子的心上留下一道痕迹，长久的累积，就会雕刻出孩子心灵的模样。

父母教育孩子的语言可以分为两类：一类是批评，一类是赞赏。虽然说，用得恰到好处，两者都可以促进孩子的成长，对孩子的进步而言，两者都是需要的，但是比较有效的做法是"批评一点点，赞赏一大堆"。"批评"是在推倒某些错误的东西，而"赞赏"是在建设某些好的、正确的东西。"推倒"是为了腾出空间进行重建，建设才是根本的目的所在。就如想要改造旧房子，先要把旧房推倒，然后才能建新房子。推倒很快，重建却要花许多的时间。因此,父母要把主要的时间和精力放在具有建设作用的"赞赏"上,而不是把主要时间花在推倒的"批评"上。有些父母批评很多,总是在摧毁,却很少去积极建设,孩子良好的品格和行为自然也就无法被塑造出来。

我们的传统教育一向认为,当孩子犯错误时对之进行批评才能让孩子意识到自己的错误所在,孩子也会因为害怕再次被批评而去努力改正。但是,推倒了不好的东西,并不意味着新的东西就会自然而然地被建造出来,就像旧房子被推倒了,新房子不会自己长出来一样。父母要对培养和塑造出一个什么样的孩子有所计划和设计,就如新房施工之前要有一张蓝图,然后逐步地准备材料,召集人手,创造条件,一起努力,一砖一瓦地累积,最终才有可能把美丽的新房给建造出来。

另外,当孩子犯了错误,遭受严厉的批评之后,他们往往会感觉自己"欠的债"已经还清了,所以也就不用再进行深刻的反思和改变了。如果父母批评的程度过于严厉的话,孩子还会因此而埋怨父母,更加不会去改正,反而会偷偷去犯更加严重的错误来报复父母。同时,孩子需要消耗大量的能量去化解批评所带来的羞耻感与痛苦感,反而无法积极地行动了。

父母要深入反思和调整自己的教育模式,把重心转移到建设性的教育行为上来。父母如果对孩子的某些错误行为深恶痛绝,心怀恐惧,就可能会被孩子的这些错误行为所控制,注意力和精力都被"批评"所占据,那么就没有多少能量和情感投入到"赞赏"的建设行为上去。父母要主动化解内心对孩子错误行为的恐惧,这样才能抵抗"批评"行为的诱惑,否则,父母"批评"的锋利语言就会把孩子的心灵雕刻得面目全非，而最终又没有办法给孩子换上一个新的心灵。

父母要明白，积极建设才是教育的根本所在。

简洁才有力量

有一天，美国作家马克·吐温去听一位牧师的演讲，刚开始，他觉得这个牧师讲得好极了，所以他决定多捐些款。过了十分钟，牧师还在讲，他有点不耐烦了，所以他决定只捐些零钱。又过了十分钟，牧师还没讲完，他决定不捐了。到最后，当牧师终于结束演讲开始募捐的时候，他由于过于生气，不仅没有捐钱，还从盘子里偷了两块钱。这就是心理学中所言的"超限效应"。这是一种刺激过多或者时间过久导致逆反产生的现象。

很多父母在教育孩子时，往往害怕道理讲得不够透彻，或者担忧孩子没有听进去而反复地强调自己的说话内容，结果往往会产生相反的效果。刚开始孩子可能会认真听，也会去思考父母的话，但是父母一直不停地讲，孩子的注意力就会慢慢涣散，大脑会变得疲惫，结果会把前面所听到的东西都给忘掉。或者孩子已经懂得了父母所讲的道理，但是父母还是唠叨不停，而这很容易让孩子变得不耐烦和愤怒。一旦孩子变得厌烦和愤怒，孩子就会抵抗父母所讲的道理，甚至会逆向而行。

孩子的心理承受能力是有限的，如果无法更多地容纳父母给予的刺激，孩子就会自动关闭心灵的通道。表面上孩子在听，实际上他什么也没有听进去，更加不用说认真思考父母说的话了。父母在这个时候发现孩子走神了，便问："你有没有在听呀?"孩子点头说:"我在听呀!"但实际上他已经神游在外了。父母在这种情况下,更加担忧孩子没有听懂自己说话的内容,或者没有记住,因此可能会再重复一遍。父母滔滔不绝,终于讲完了,觉得自己对孩子进行了一次彻底的教育,却不知道自己后面的"超限"时间已经把前面自己所做的有效工作给推翻了,甚至更加糟糕,让孩子慢慢养成了不再听父母的话,或者不再认真思考父母说的话的习惯。

父母觉得自己在尽教育的责任,而实际上当父母话很多,停不下来的时候,往往还会在无意识中宣泄自己的养育压力与焦虑,而孩子成了承受父母压力与焦虑的容器,所以当孩子承受不了的时候,他的心灵自然就会关闭,并变得心烦意乱。

而且,孩子经历了父母的一番语言轰炸,很难有一个平静的心态和充足的能量进行自我反思,孩子的精力已经在听父母说话的时候消耗殆尽了。父母太多的道理一下子涌入孩子的心灵,让孩子的心灵没有多余的空间进行反省和消化,父母讲的很多道理因互相干扰而浪费了,没有办法使孩子获得领悟和滋养。

教育孩子是一个长期坚持的过程,父母有很多时间和机会慢慢传递给孩子人生智慧和成长道理。就如俗话所说:"饭要一口一口地吃。"父母不要希望一次或者两次就把所有的道理都教给孩子,或者期待孩子一次性就能学会。父母每次跟孩子谈话都要有一个中心,围绕一个主题展开,不要把所有的事情和问题都放在一处说,这样会让孩子无法承受,无所适从,同时也会引发孩子的焦虑与叛逆,也就无法达到良好的谈话效果。

父母的话,简洁才会更有力量,重复会把言语力量给冲淡。因此,父母教育孩子,一定要懂得克制,适可而止,留有余地,这样,孩子才会真正在意父母说的话,才会学会思考、合作与采取行动。

　　当父母用沉默和行动就能告诉孩子怎么去做时,就不要用语言,语言反而会干扰孩子思维能力和执行力的提升。教育过程中不一定要说太多的话,父母要保持安静,培养孩子安静的习惯,创造安静的空间促进孩子的自我觉知与行动能力的形成。

肆

正确的态度是最好的技巧

感恩让生命变得不一样

　　当一个人怀着感恩的心看待身边的人和事物的时候，他就会感受到自己的生命是处于爱和美好之中；而当一个人怀着恨与不满的心看待身边的人与事物时，他看到的只有恨与丑恶。不同的心态和眼光会直接影响我们看到一个什么样的世界，并且创造出一个完全不同的内心世界和外在世界。

　　为人父母，养育孩子是人生中一段非常重要的经历，只有经历过的人，才能真正明白其中酸甜苦辣的滋味。父母在陪伴孩子成长的过程中，在某种意义上像是把人生历程再走一遍，这个经历会帮助父母更加深刻地理解生命的成长过程，对人类生命自身有一个更加完整的认知。虽然说不一定每个人都会养育自己的孩子，但是养育孩子一定会让他的人生变得更加完整和不一样。

　　当父母对孩子来到自己的生命之中存有感恩之心时，父母就会更加接纳与珍惜自己所拥有的孩子，认识到自己的孩子是上天送给自己最好的礼物。要知道，世界上还有很多夫妻想要孩子却无法得到，所以自己是很幸运的。当父母拥有这种感恩的态度时，他们就更能接纳自己孩子身上存在的问题与不足。相比于那些生下来就夭折或者患有各种先天性疾病的孩子来说，自己的孩子存在这样那样的一点小问题又算得了什么呢？

谁又是绝对完美无缺的呢？心存感恩会让父母减少对孩子的不满与抱怨，把注意力和精力放在如何帮助和促进孩子的成长和发展上。

当心怀感恩时，父母会有更多爱的能量，让其对孩子的人生充满希望与信心，他们的心情就会完全不一样，会看到孩子身上更多美好的特质和无穷的潜能，并学会珍视和欣赏孩子身上所拥有的东西，从而有机会帮助孩子把这些潜能给挖掘出来。

同时，当父母怀着一种感恩之心去养育孩子时，也更容易培养孩子的感恩之心，有助于提升孩子的成长能量和幸福感。当一个孩子能够带着感恩的态度去看待父母、朋友和老师时，他才能够敏锐地体会到他人对自己的爱和关心，并从中获得源源不断的生命能量。如果孩子怀着恨意看待身边的人，他也就无法敏锐有效地领会到他人的爱与关怀，反而会对他人产生误解，认为他人不喜欢自己，自己的心灵就会生活在悲伤与痛苦的阴影之中，他的生命能量就会变低。

所以，父母从孩子小的时候就要有意地培养孩子的感恩之心，让孩子逐渐懂得感恩亲人、感恩朋友、感恩老师、感恩陌生人、感恩祖国、感恩自然万物等，让孩子体会到自己的生命是处于无边的爱和祝福之中的，他所拥有的都是生命中最珍贵和最重要的东西。如果孩子从小就能敏锐地体会到这一点，那么孩子每时每刻都能从感恩之中获得强大的能量，从而努力创造出一个更加幸福美好的世界。

在教养与放养之间保持合适的分寸

　　人类社会一刻不停地向前发展，无论多么怀念过去淳朴的田园牧歌般的生活，我们都无法回到过去这种生活环境中。何况我们已经逐渐适应现在的物质文明与科学技术，这些东西是人类智慧发展的结晶，我们可以用它们来提高生活水平。"怀古"在某种程度上，是对现实生活的逃避，或者是无法适应现实生活的次发反应。

　　在教育孩子的问题上，如果我们崇尚完全的放养方式，那么很有可能会让孩子无法学会适应现代社会生活所必需的知识与技能，让孩子成为一个原始人。虽然现代人不一定比原始人更加幸福，但是我们确实已经无法再像原始人那样生活。因此，接受现代文明的洗礼和教养是每个孩子生存的必备技能。我们发现，即使是动物也需要教会孩子捕食的本领，这样，种族才能继续繁衍下去，因此，教育孩子是父母的一项本职工作。

　　但是，如果我们过度地强调教养，同样也会对健康本性的发展产生压抑与扭曲。从本质上说，人还是建立在生物性以及它的特殊的生理结构与心理需求基础之上的，若太强调社会标准、道德伦理、成功目标、集体利益，那么个人化、人性化的东西就会受到排斥与贬低，继而导致个人的不健康与不快乐，给个人的生命造成伤害。现代人对物质生活的片面化、极端化追求和拥有，并没有让现代人过上梦寐以求的生活。虽然很多现代人的物质生活水平远高于古代的帝王的物质生活水平，但是其心灵仍深受物质入侵所带来的压力与痛苦。为了满足日益膨胀的物质欲望，许多人失去了时间和自由享受生命的快乐。教育不仅帮助孩子适应现代社会的发展要求，让孩子拥有一种技能以便简单地生存，而且帮助孩子的心灵自由地绽放，让孩子能够拥有高贵、美丽而纯洁的心灵，能够有价值、有意义地存在。若没有教育，人性的完善与生命的喜乐都将会受到损害。

因此，我们最好既顾及社会文明发展的需求，又照顾到个人本性的发展，在教养与放养之间找到一个平衡点，这样才有利于孩子享受更加美好的人生。

没有条件的温柔，没有敌意的坚决

　　"温柔"是对孩子现在的尊重，"坚决"是对孩子将来的负责。没有温柔，孩子会变得冷漠和充满反抗；没有坚决，孩子又会变得不安全或误入歧途。因此，两者都不可缺少。

　　这里讲的"没有条件"的温柔，是指不管孩子目前的行为如何，我们都要无条件地以一种温柔的态度面对孩子，愿意用自己的"温暖"和"包容"感动孩子，感化孩子。如果孩子表现好，让我们开心，我们给他一点"温柔"，如果孩子表现不好，让我们生气和丢脸，我们就"冷眼"相对，这样的态度对孩子的人格成长是没有帮助的，反而会增加孩子对父母的依赖或是怨恨。孩子真正需要的，是不管任何情况，父母都能"没有条件"地爱他和信任他。

　　有这样的一个故事：

　　　　"二战"时，一支部队在森林中与敌军发生激战，最后有两个士兵与部队失去了联系。这两个士兵之所以在激战中还能互相照顾不分彼此，是因为他们来自同一个镇。

　　　　他们在森林中艰难跋涉，互相鼓励和安慰。十多天过去了，他们仍未与部队联系上。

幸运的是,他们打死了一只鹿,依靠鹿肉,又能度过几日了。也许是因为战争,森林中的动物皆四散奔逃或被杀光,除了那只鹿,他们再也没有看到任何动物了,仅剩下的一点鹿肉,背在年龄较小的那个士兵身上。

一天,他们在森林中遇到了敌人,经过一番激战,两人巧妙地避开了敌人。就在他们自以为安全的时候,只听一声枪响,走在前面的年轻士兵中了一枪,幸运的是仅仅肩膀受了伤。后面的战友惶恐地跑过来,害怕得语无伦次,抱着伙伴痛哭不止。

晚上,未受伤的士兵一直念叨着母亲,两眼直直的。他们都以为自己的生命即将结束,身边的鹿肉也没有动。谁也不知道,他们那晚经历了怎样的心路历程。第二天,部队找到了他们。

事隔三十年,那位受伤的士兵说:"我知道是谁开的那一枪,就是我的战友,他去年去世了。在他抱住我的时候,我碰到他发热的枪管,但是当晚我原谅了他,我知道他是想独自占有鹿肉活下来,我也知道他活下来是为了他的母亲。此后几年,我装着根本不知道这件事,也从不提及。战争太残酷了,他母亲没有等到他回家便去世了。战争结束后,我和他一起祭奠了老人家。他在他母亲的遗像前跪下来,请求我的原谅。我没有让他说下去,我们又做了二十几年的朋友,我没有理由不原谅他。"

以德报怨,与其说是回归仁慈、友善与祥和,不如说是放过了自己。

父母对待孩子,有时也需要像故事中的年轻战士一般,不管孩子是欺骗了你或者是伤害了你,你都要有足够的胸怀宽容和原谅他,并继续无条件地爱他。如果父母对孩子产生的怨恨和愤怒久久不能化解,那么良好的亲子关系就无法维持,双方就会陷入憎恨与痛苦之中。"恨"说明心灵还没有从受伤中痊愈,它与"温柔"是无法同时存在的。从某种意义上说,父母放下了孩子的过错,其实也就是放过了自己,这样才能真正做到"无条件的温柔"。

没有"敌意"的坚决,是指父母在坚持某些原则和规定时,特别是纠正孩子错误时,态度坚决,语气坚定,但又不把孩子当作"敌人"和"坏孩子",说有损孩子自尊心和人格尊严的话,而是把孩子看成一个需要帮助和支持的人,把自己看成孩子的同盟和伙伴,这样就会化解孩子的抵抗和不合作行为,让孩子更好地意识到父母的好意。只有当孩子的自尊心不受到威胁,并且能够体会到父母良好的意图时,孩子才会理性地思考如何做对自己是最好的,孩子的心灵才有可能获得真正的成长。

"温柔"和"坚决"这两种态度在养育孩子的过程中缺一不可,"温柔"就如河床,让河水能够在上面流淌,给予河水依靠和支持;而"坚决"就如堤岸,确定河水前进的正确方向,使河水不会到处泛滥。少了任何一方,河流都无法按正确的方向向前流淌。

耐心需要培养，快乐需要耕耘

教育孩子时最糟糕的行为是没有耐心和不快乐，这两种态度会像乌云一般，遮蔽每一寸阳光。

由于父母缺乏耐心，很多好的教育理念和方法都无法执行到底，结果父母反而会怪罪这种教育方法无效。即使是最好的教育技巧，也要坚持很长一段时间才会生效，如果父母带着急功近利的态度去教育孩子，本身就是对孩子成长的误解，他们的出发点就已经错了，结果当然也不会好。

由于父母心情不好，教育孩子的能量就会不足，进而把自己的不快乐的情绪传染给孩子，让孩子背上"不快乐"的情绪包袱，结果孩子也无法安心学习和成长。"快乐"既是我们生活的目标，也是最好的教育与学习的方法。孩子只有"快乐"了，才会有活力和热情，才会有充足的能量学习和生活。父母也一样，当他们心情不好的时候，就会很烦躁，做什么事情都无法安心，孩子更是如此。何况学习是一个艰难复杂的系统过程，需要孩子调动全部的精力和能量投入其中，才会收到好的效果。如果孩子不快乐，那么孩子学习的心理能量其实已经被瓦解掉了，没有能量的投入，真正的学习和进步就会变得不可能。

耐心需要培养，快乐需要耕耘。父母在准备养育孩子之前以及在过程之中,要始终不断地提醒自己,并互相提醒:耐心,耐心,耐心;快乐,快乐,快乐。如果父母能够做到这两点,那么就为教育出优秀的孩子奠定了良好的心理基础。

父母情绪平和，孩子会更优秀

家，是一个讲感情和爱的地方，如果父母对孩子说太多的道理，这些道理就会把感情和爱淹没，孩子也就感受不到父母的爱——虽然父母认为这是为孩子好，这就是爱的表达，但实际的结果可能恰恰相反。讲太多道理和太唠叨往往会让孩子的心远离父母，躲得远远的，或是跟父母对着干。结果父母更不放心，更焦虑，话更多，如此恶性循环。但反过来，如果父母跟孩子讲感情，表达其对孩子情感的理解和共鸣以及关注和担心，那么相信没有一个孩子会拒绝。

情感是促进孩子成长和人格成熟的动力来源。教育是一个陪伴、激励和唤醒的过程，是一个向孩子传递情感正能量的过程。如果我们长期向孩子倾倒情绪垃圾，孩子怎么会喜欢跟我们在一起，怎么会愿意听我们说话呢？由此，我们就失去了帮助孩子成长的途径，同时，孩子也就失去了从我们这里获得成长所必需的积极情感能量的机会。

现在，我们看到很多孩子缺乏学习和成长的动力，变得颓废、空虚、无聊，缺乏活力，对什么都不感兴趣，对生活缺少热情，对未来也失去希望，归根到底，是因为孩子的情感没有得到健康的发展。情感就如汽油，孩子只有加满了情感的"油"，才能有充足的学习动力。所以，我们所有的父母都要关注孩子的情感需求,有效地满足孩子的情感需求,这样孩子才会快乐,才会充满活力与激情。

大家都知道,教育最困难的不是讲道理,而是控制好自己的情绪。大家都看过育儿的书,懂得许多教育孩子的方法,结果发现用到自己孩子身上都行不通,为什么呢? 是这些方法不对吗? 我觉得不是,最主要是父母的情绪不对。当父母的情绪很糟糕时,不管用什么方法都是无效的。即使再好的方法,也需要父母镇静、耐心地坚持才会产生作用。我们有时自己很焦虑,却要孩子平静;自己很不开心,却要孩子阳光灿烂;自己快要抓狂,却要孩子镇静自若。这怎么可能呢? 当父母每天都有很多负面情绪时,孩子怎么可能会有愉悦的心情学习和成长呢? 只有当父母做到镇静、自信、乐观、温柔、体贴、温暖时,父母才有可能在孩子的身上培养出这些美好的品质。

父母积极的情感是孩子前进的加油站。父母平和的情绪,是送给子女最好的礼物,也是对子女最大的关爱。父母的温柔是促进孩子成长的最大力量!

父母的信任是孩子自信的起点

有一个法国的绘本故事：

美术课结束了，但是瓦斯蒂还是坐在椅子上不走，她的画纸上一片空白。

瓦斯蒂的老师俯身去看那张白纸。什么也没有，她却说："啊！一场暴雪中的北极熊。"

"真滑稽！"瓦斯蒂说，"我压根就没画！"

她的老师笑了。

"随便画个线或点，看它能指引你去哪儿。"

瓦斯蒂猛然抓起毡头墨水笔，在纸上潇洒地用力一戳。

"这里！"

瓦斯蒂的老师拿起纸，仔细研究了半天。

"嗯……"

她把纸推到瓦斯蒂的跟前，淡淡地说：

"现在，签上你的名字。"

瓦斯蒂思考了一小会儿："好吧，也许我不会画画，但是我会签上我的名字。"

到了第二周，瓦斯蒂走进她的美术教室。她惊奇地发现,悬挂在老师办公桌前的,正是她画的那个点!而且,她的画还镶嵌在金色的涡型画框里!

"嗯……我可以画得比这个更好嘛!"

她拿出以前从来都没用过的水彩,开始画画。

瓦斯蒂画了又画,画了又画。一个黄点。一个绿点。一个红点。一个蓝点。

蓝色和红色混合在了一起,她发现,她弄出了一个紫色的点。

"要是我能画小点,那我也能画大点。"瓦斯蒂挥舞着一支大画笔,在一张大纸上作画,颜色四溅,她想画大大的点。

瓦斯蒂甚至可以营造出一个点的氛围,而不是直接画出一个点。

几星期后,在学校的美术展览会上,瓦斯蒂画的点赢得了许多的啧啧称赞声。

瓦斯蒂发现一个小男孩仰望着她。

"你真是一个艺术家。我好希望我也能画得这么好。"

"我打赌你肯定没问题。"

"我?不,我不行的。没有尺我不可能画这么直的线条。"

瓦斯蒂笑了。她递给小男孩一张纸。

"画给我看看。"

小男孩画线的时候,他的笔抖个不停。

瓦斯蒂注视着男孩的画。过了一会儿,她说:

"请……签上你的名字。"

这是一个关于个人成长和爱的传递的故事。一个孩子只有在他被信任和尊重的情况下,他才会有信心和动力发展自我。孩子也正是从别人对待他的方式中学会如何对待他人。

每个生命都有各自适合的成长时间、地点和节奏。父母对孩子不离不弃的信心,是防止孩子自暴自弃的最后一道防线。如果父母被孩子发展中暂时的困难、懒惰、坏脾气打败,不再亲近和信任孩子,那么孩子就会对自己的成长和未来失去信心。孩子只有对自己有信心,才会有动力和勇气坚持下去。

孩子很难在生活中保持足够的自信,身边成人及同龄人中,聪明的、能力强的人那么多,孩子如何能够相信自己也是优秀的和有价值的呢? 父母对孩子成长和能力的信心,是孩子自信心的根基所在,让孩子的心灵有一个小小的支点可以安放。如果父母对孩子都没有信心,那么一个孩子对自己的信任就有沦陷的可能。当孩子对自己失去信心时,他就会被恐惧、无价值感和无能感所包围,就无法有足够的勇气与力量学习和生活,会被对自己能力的担忧与自我不足的羞耻感所控制,生活的每一个片刻都会变得非常艰难。为何有些孩子早早就放弃了学习与生活,正是因为他对自己的学习能力与成长完全失去了信心,他的心灵之中已经根本没有力量向前迈出一步,为了避免继续让自己绝望与痛苦,孩子只有选择完全放弃,这样才能避免继续受伤与崩溃。

活着,每个人都需要有一定的自信心,而父母对孩子的信任是孩子拥有自信心的起点。

孩子的成长需要父母的成全

有一个关于"九尾猫"的传说：

传说世间的一切生灵皆可修炼成仙，猫自然也在其中。每修炼一百年，猫就会多长出一条尾巴，等到有九条尾巴的时候，就算功德圆满了，连天上的神仙都要敬让三分。可是，这第九条尾巴却是极难修到的。当猫修炼到第八条尾巴时，它会得到一个提示，帮助它的主人实现一个愿望，心愿完成后，它会长出一条新的尾巴，但是从前的尾巴也会脱落一条，仍是八尾。这看起来是个奇怪的死循环，无论怎样都不可能修炼到九条尾巴。

八尾猫遇到一位少年，要帮助少年实现一个愿望。少年问它："是不是所有的愿望都能实现？"它说："当然。"少年说："那我的愿望就是你能有九条尾巴。"八尾猫呆住了。它的眼睛充满了疑惑，随后是一种难以言表的感恩眼神。它终于明白了，只有遇见一个肯让它圆满的人，它才能有九条尾巴。以前的人都自私地为自己考虑，他们认为八尾猫为他们实现任何愿望都是应该的，从不会考虑八尾猫的感受，可是每一条尾巴都要付出八尾猫几十年的修炼。

最终，八尾猫长出了华丽的第九条尾巴，得道成仙。少年也在九尾猫的帮助下，过上了幸福的一生。

这个传说启示我们：一个人的圆满人生，并不能完全靠自己，他需要很多人的成全才能实现。有付出才会有回报，有舍才有得，我们每个人都是在帮助关系和互相成全之中，获得圆满而幸福的人生的。

父母就是孩子生命中的贵人，孩子的成长是离不开父母的成全的，没有父母的无私付出，孩子的身心便无法健康成长。比如，孩子有很多小小的心愿以及对生活的期待，父母要理解他们，并暗中成全他们，让孩子感觉是自己的努力应得的报酬，这样，孩子会觉得自己的人生都在其掌控之中。孩子的自我，会在父母的暗中成全中慢慢强大。

有些父母懂得成全孩子，也有一些父母却总是很难成全孩子。为何呢？他们担心把孩子惯坏了，所以不管孩子做什么，需要什么，总是要刁难或者推托，或者总是心不甘情不愿。虽然父母的担心有些道理，但总是这样的一种态度，会让孩子对父母持有一种什么样的感觉呢？孩子会觉得父母不爱自己，也不喜欢自己，才会故意百般阻挠，结果肯定会导致亲子关系的冷漠与疏远，孩子变得叛逆与不合作，因为父母的不合作很容易让孩子也学会不合作，孩子还会把父母的这种不合作的方式运用到未来生活的各个方面。所以，父母适当地限制孩子过分的需求是必要的，但"成全"跟"限制"一样重要，它是向孩子传递爱与温暖的主要方式，能让孩子感觉自己被爱、被尊重和被接纳，这样，孩子才有可能从父母的行为之中,学会爱、尊重、给予和成全他人,这是孩子融入社会,拥有幸福人生的根本所在。

或许,我们每个人都像是一只八尾猫,带着各自的缺陷和不足,一年又一年地修炼,希望能够获得圆满的人生。同时,我们又像是那个少年,在满足自己欲望和成全他人之间徘徊,然后最终才懂得:成全他人也就等于成全自己,给人带来幸福的同时,自己也会获得人生最大的幸福。每对父母也正是在成全孩子的过程中,成全了自己的圆满人生,延续希望,获得"永生"。

理解是一种慈悲

有一个普通的美国妇女,她的丈夫应征去了战场,后来不幸牺牲了。当她回忆起丈夫生前与她相爱的一幕幕时,最令她难以忘怀的,却是下面这些小事:

> 记得那天,我借用你的新车,我撞凹了它
>
> 我以为你一定会杀了我的
>
> 但是你没有

> 记得那天,我在你的新地毯上吐了满地的草莓饼
>
> 我以为你一定会厌恶我的
>
> 但是你没有

> 记得那天,我拖你去海滩,而正如你所说的下了雨
>
> 我以为你会说"我告诉过你"
>
> 但是你没有

> 记得那天,我和所有的男人调情好让你嫉妒,而你真的嫉妒了
>
> 我以为你一定会离开我

但是你没有

记得那天,我忘了告诉你那个舞会是要穿礼服的,
而你却穿了牛仔裤
我以为你一定要抛弃我了
但是你没有

是的,有许多的事你都没有做,
而你容忍我,钟爱我,保护我
有许多许多的事情我要回报你,等你从越南回来
但是你没有

读这首小诗,会让人产生一种痛彻心扉的感觉。当一个妇
女满怀期待地等候丈夫回家,希望给他爱的补偿时,等到的却是
绝望,人生最大的悲伤与遗憾莫过于此。这首诗让我们感动的
原因是诗中这位丈夫对爱人的理解与包容,这让我们体味到爱
的真谛:

爱是恒久忍耐,又有恩慈;爱是不嫉妒;爱是不自
夸、不狂妄,不做害羞的事,不求自己的益处,不轻易发
怒,不计算他人的恶,不喜欢不义,只喜欢真理;凡事包
容,凡事盼望,凡事忍耐;爱是永不止息。

(《新约·哥林多前书》第 13 章 4—8 节)

"理解与包容"是爱的最好体现,是对一个人最大的慈悲,让

人永生难忘。在我们每个人的内心深处都隐藏着一种被他人深度理解的渴望。当我们被理解时,我们才能感受到自己是一个被接纳的有着与他人共同心理体验的人,而不会怀疑自己是异类,或者是一个完全没有人爱的人,或者是一个完全没有价值的人。

这些对一个孩子来说更是如此。当孩子降生到这个世界时,刚开始他的心理跟现实世界是完全隔离的,只有当他被父母和他人理解时,他的生命才跟这个世界建立了连接。如果孩子没有被父母和他人所理解,那么他的心灵就会处于孤单与寂寞之中,他就没有机会进入人类的大家庭之中。正是父母接纳与理解的眼光,把孩子从黑暗昏昧的心灵荒野中拯救了出来,成为正常人类的一员。

在孩子成长的每一个阶段,都需要来自父母、老师与同学的理解,而父母的理解是最基本的。理解是促进孩子心灵成长的营养物。没有理解,孩子的心灵就会窒息,长期处于混乱无序之中;没有理解,孩子就无法知道自己是谁,无法形成独立的自我和独特的身份认同,也就无法成为一个真正的人。他人的理解,对一个孩子来说是性命攸关的事情,它决定了孩子的心灵能否完善,人格能否完整以及情感能否健康发展。可以说,没有他人的理解,所有的成长发展都会变得不可能。自体心理学创始人科胡特说:"理解,唯有理解才能促进人的成长。"

那么,什么是理解?理解就是对一个人内心世界的感同身受。要做到理解,父母一方面要放空心灵,把自己的心灵空出一片来,收集和容纳孩子的相关信息;另一方面,父母又要把自己以往类似于孩子的体验和情感拿出来进行类比分析,这样才能做到对孩子的理解。如果父母的心灵充满了自己的想法、观点和情绪，那么就没有多余的空间理解孩子；如果父母无法从自己的人生体验之中找到类似于孩子的体验，也就无法准确地理解孩子。因此，父母想要深入孩子的内心世界去理解孩子，往往要把自己小时候的成长体验回忆起来，陪孩子一起成长，这样才能更好地贴近孩子，对孩子有一个较为准确的理解。

那么，父母理解孩子，主要是理解什么呢？回归我们自己的内心，会发现，我们最希望获得他人理解的是我们自己的想法、态度、情感和需求。当我们的想法、态度、情感和需求被理解和满足时，我们就会感到放松、平静和幸福，我们会感到自己被接纳和认可，我们会感到自己被爱和关注，我们会感到自己是一个有价值的人。因此，我们可以知道，孩子同样也是渴望我们能够理解他们的想法、态度、情感和需求的。特别是当孩子的情感处于痛苦之中时，他们特别需要父母的理解，父母的理解就如急救药，能够抚慰伤口，带走孩子的悲伤，把孩子从痛苦中解救出来。理解意味着接纳，当父母理解、接纳孩子的痛苦时，孩子对自身的痛苦也就可以理解和接纳了，那么痛苦也就不会那么难以忍受了。

我们要知道，每个人终其一生都在寻找能够理解自己的人，因为每个人心理的存在、成长和幸福，都蕴含在他人的理解之中。理解意味着接纳和祝福，在理解之中，蕴含着巨大的爱和慈悲。鲁迅有句送给瞿秋白的话说："人生得一知己足矣，斯世当以同怀视之。"意思是，人的一生如果能够得到一个知己就足够了，今生今世都应当像同胞兄弟那样对他。此语鲜明地表达了人们对理解的追求以及被理解后的心满意足。即使只有一人理解，亦已足够。

　　对于孩子，获得父母对其的理解是心灵生活的根基所在。如果有父母的理解，其他人的不理解也许可以忍受。如果父母都不理解，那么又能期待谁能理解呢？

欣赏是心灵的甘泉

有一个关于一位母亲和她孩子的故事——《只有你能欣赏我》：

第一次参加家长会，幼儿园老师说："你的儿子有多动症，在板凳上连三分钟都坐不了，你最好带他去医院看一看。"

回家的路上，儿子问她老师都说了些什么，她鼻子一酸，眼泪差点流下来。因为全班三十个小朋友，唯有他表现最差，老师也表现出不屑的眼神。然而她还是告诉她的儿子："老师表扬你了，说宝宝原来在板凳上坐不了一分钟，现在能坐三分钟。其他妈妈都非常羡慕，因为全班只有宝宝你进步了。"

那天晚上，她儿子破天荒地吃了两碗米饭，并且没让她喂。

儿子上小学了。家长会上，老师说："这次数学考试，全班五十名同学，你儿子排第四十名，我们怀疑他智力上有些障碍，你最好能带他去医院查一查。"

回家的路上，她流下了眼泪。然而，当她回到家里，却对坐在桌前的儿子说："老师对你充满信心。他说了,你并不是个笨孩子,只要能细心些,会超过你的同桌,这次你的同桌排在第二十名。"

说这话时,她发现儿子黯淡的眼神一下子充满了光亮,沮丧的脸也一下子舒展开来。她甚至还发现,儿子温顺得让她吃惊,好像长大了许多。第二天上学,他去得比平时都要早。

孩子上了初中,又一次家长会。她坐在儿子的座位上,等着老师点她儿子的名字,因为每次家长会,她儿子的名字总是会在差生的行列中被点到。然而,这次却出乎她的预料——直到结束,她都没有听到。

她有些不习惯,临别时去问老师,老师告诉她:"按你儿子现在的成绩,考重点高中有点危险。"

她怀着惊喜的心情走出校门,此时她发现儿子在等她。路上她扶着儿子的肩膀,心里有一种说不出的甜蜜,她告诉儿子:"班主任对你非常满意,他说了,只要你努力,很有希望考上重点高中。"

高中毕业了。第一批大学录取通知书下达时,学校老师打电话让她儿子去学校一趟。

她有一种预感,她儿子被清华大学录取了,因为在报考时,她给儿子说过,她相信他能考取这所大学。

她儿子从学校回来,把一封印有清华大学招生办公室录取通知书的特快专递交到她的手里,突然他转身跑到自己的房间里大哭起来,边哭边说:"妈妈,我知道我不是个聪明的孩子,可是,这个世界上只有你能欣赏我。"

　　这时,妈妈悲喜交加,再也按捺不住十几年来凝聚
在心中的泪水,任它打在手中那沉甸甸的信封上……

　　故事中的这位母亲是非常伟大的,为孩子挡住了外界射来
的贬低的冷箭,克制自己内心的怀疑、焦虑与悲伤,总是选择从
欣赏的角度鼓励孩子,给孩子输入前进的信心和勇气,使孩子没
有自暴自弃,能够继续坚持学习。

　　欣赏一个人看起来很简单、很方便,但对有些人来说,是件
很困难的事情。我们在日常生活之中,经常会看到人与人之间
的互相指责和贬低,而真心的欣赏比较少看到。

　　当一个孩子在很小的时候,我们会发现,父母欣赏孩子是很
常见的。不管孩子是会说一句话,还是独自站立起来,或是跨出
第一步,或是学会了一个小技巧,等等,父母都会很惊喜、很激动
地"欣赏"孩子的成长,孩子也正是在父母一次又一次的"欣赏"
之下,获得成长的动力,并建立了自信和自尊。而这样的"欣赏"
对于每个成长中的孩子,甚至成人都是非常重要的,它是每个人
成长的"加油站",是信心与快乐的源泉。

　　但是,随着孩子慢慢长大,孩子获得父母的"欣赏"就会变得
越来越困难。父母会认为,孩子已经长大了,不管孩子学会了什
么都是理所当然的,没有什么值得夸耀的。同时,父母心里还存
着一种担忧,害怕太多的"欣赏",会让孩子变得骄傲自满而缺乏
前进的动力,因此,父母会越来越吝啬对孩子的欣赏。但是,从
孩子的角度来看,他们会觉得父母越来越不喜欢自己,对自己越
来越不满意,越来越不爱、不关心自己,这会让孩子变得对自己
的能力越来越没有信心,失去了成长的喜悦感和成就感。孩子

的成长动力会因此受到损害,孩子会变得越来越疲惫,越来越没有活力。当父母看到孩子这个样子时,会更加认定孩子不够认真和努力,父母会对孩子的发展水平感到更加不满,也就更难去欣赏孩子,反而会持续地批评与指责孩子。

在生活中,我们看到很多的父母,孩子越长大,对孩子的欣赏就越少,而批评就越多。对于学习和成长有困难的孩子,他所受到的批评会远远多于所获得的欣赏。当孩子的学业成绩和发展水平达不到父母的期待水平时,父母可能会一直持一种批判的态度和语气跟孩子说话,这对处于成长困境中的孩子来说是一种巨大的心灵折磨。它不但不能让孩子从中获得动力,而且会让孩子变得更加无力和无助,更加对自己的学习能力失去信心,对自己的未来人生失去希望。从理性的角度去思考,父母应该明了,面对这样的孩子,一味地批评是没有用的,反而会使孩子更加自暴自弃。然而,当父母对孩子心存不满时,要去欣赏孩子表现好的地方是非常困难的。于是,父母与孩子就会陷入一个恶性循环,孩子越是需要父母的欣赏,越是得不到父母的欣赏,反而得到父母更多的批评。当然,孩子的成长也会因此被卡住,无法跨越过去。

所以,父母应该意识到,不管孩子处于哪个年龄段,都需要来自父母的欣赏与鼓励,就如孩子在小时候练习走路一般,有父母在身边为他呐喊助威,孩子才会有足够的动力和信心迈出蹒跚的步伐。如果父母都无法欣赏孩子,那么孩子也就无法对自己有信心,当然也就无法拥有充足的动力去拼搏。父母应该意识到,越是学习不好,越是发展有困难的孩子,越是需要父母的欣赏,这样,孩子才能重新鼓起勇气去超越困境,继续前行。

　　美国福特汽车公司创始人亨利·福特说："无论你认为自己行还是不行，你都是对的。"如果把这句话用在教育孩子的问题上，可能就是：你认为孩子很好，孩子会证明你是对的；你认为孩子很不好，孩子也会证明你是对的。你用什么样的眼光看待孩子，就会塑造出一个什么样的孩子。

被接纳，意味着被允许存在

雨水被大地接纳，它便形成湖泊；鱼儿被湖泊接纳，它在里面快乐地游来游去；种子被大地接纳，它长成参天大树。被接纳，意味被允许存在。不被接纳，则意味着被排斥和拒绝，分裂与痛苦由此产生，成长也变得不可能。

孩子要成长，首先要被父母接纳，接纳是孩子身心存活的土壤。

孩子被父母接纳，意味着被人类接纳，被世界接纳，从此，孩子才在世界上找到了一个立足点。如果他没有被父母和身边的环境所接纳，那么他就失去了通向世界大门的钥匙，他的人生就无法真正开始。

孩子被父母接纳，这是亲密亲子关系建立的起点。如果孩子不被父母接纳，那么父母与孩子就成了彼此"熟悉的陌生人"。

孩子被父母接纳，才会感觉到自己有价值。如果不被接纳，孩子会感到自己生命的虚无和没有意义。

孩子被父母接纳，才会感到安全，不用担心自己被抛弃。

孩子被父母接纳，才会感到宁静和幸福，然后才有心思学习与思考，才有可能健康成长并变得优秀。

既然"接纳孩子"如此重要，为何父母却很难做到呢？

因为父母心中有一个比较完美的孩子的模板，对于不符合这个模板的特征与行为就会变得无法接纳。

因为父母害怕自己接纳了孩子,孩子就会骄傲自满,故步自封,不思进取。

因为父母在生孩子的气,孩子没有按照父母的指导和要求去做,所以就拒绝接纳孩子。

因为受自身的价值观和世界观所限制,父母无法接纳孩子拥有不同的价值观和行为方式。

…………

不同的父母各有自己的原因,让其很难去接纳孩子。而接纳孩子是养育孩子的基础,如果父母总是拒绝和排斥孩子,孩子的心灵和情感就会处于痛苦之中,孩子就很难健康地成长。如果说孩子是等待炼就的仙丹,那么父母就是炼丹的容器。如果这个容器太小或者太脆弱,承受不住高温与压力,那么仙丹自然就无法炼成。父母作为孩子成长的容器,这容器的大小与功能对孩子的健康成长非常关键。父母的心灵是孩子的心灵得以生长与栖息的地方,如果孩子无法在父母的心中安全地居住,那么孩子的心灵就只能在外面流浪了。

当然,父母无须对孩子的所有行为表示接受。每对父母对孩子总有接纳与不接纳的部分。每对父母对孩子的接纳度也都不一样,这是很正常的。但是,父母对孩子的接纳与否对孩子的成长会产生很大的影响,因此,父母要对自己对孩子的接纳情况保持敏感,并时常进行反思:是否孩子有些行为和思想是不该被接纳的自己却接纳了,或者孩子的有些行为和思想自己应该接纳的却拒绝了。如果父母对孩子的行为该接纳的却拒绝了,该拒绝的却接纳了,那么孩子的心灵与行为就会变得扭曲,从而影响孩子的正常成长。

　　父母要注意的是,尽管自己对于孩子的某些行为和观点无法接纳,但是还是要接纳孩子这个人。我们每个人都是有缺点和不足的,我们每个人也都是有差异的,承认和接纳彼此是我们一起和谐相处的基础。如果父母要求孩子的所有行为和思想都符合自己的要求,就会对孩子的全面成长和独立自我形成压迫,孩子就无法在父母不接纳的地方获得成长。因此,如果父母能够逐渐拓展自己对孩子的接纳范围,那么孩子的心灵与行为就能获得相对更大的自由与成长空间,也就给孩子的成长发展提供了更多的可能性。当孩子感受到被父母接纳时,心中会充满感激,这样才会有平静的心态和充足的能量思考自己应该如何做得更好。相反,当一个孩子完全被父母拒绝时,他是不可能有良好的心态与能力对自己的错误行为进行反思,并努力做得更好的。

　　当然,当孩子做了父母无法接纳的事情时,父母也不必假装接纳,这样表面接纳而内心不接纳会传递给孩子一个矛盾的信息,让孩子感到迷惑不解,孩子就不知道该如何行动了。同时,孩子也会觉得父母对待他的态度不够真诚,内外不一致。另外,如果孩子的行为超出了你所能忍受的界限,你也要大胆地向孩子指出来,让孩子尊重你的界限,否则,孩子会不知道这是你的底线,也不知道这会给你带来很大的烦恼。因此,为了尊重你自己,也为了让孩子学会尊重你,你应该坦诚地说出来。而不要为了维持一个胸怀宽广的假象,竭力压制自己心中的不满,这对自己的身心,对亲子关系以及对孩子的成长都是不利的。况且,一个人的底线一再被突破和冒犯时,是很难长久忍耐下去的,最终还是要爆发的，而且拼命忍着的样子和脸色也是很难看的，反而会导致孩子对你有更多的误解，或者觉得你根本不喜欢他。

父母要做到接纳孩子，先要学会接纳自己，不仅能够欣赏自己的优点，同时也能接纳自己的缺点与不足，这样，父母才能比较容易欣赏孩子的优点，并接纳孩子的缺点与不足。如此一来，父母就不会有太多的紧张和焦虑，也就能够更加灵活自如地养育孩子，不用把自己与孩子限制在某一种标准或者单一模板之中。

接纳才能放松，放松才有自由，自由才能轻装前行。

孩子会成为你眼中的那个人

　　每个人的心灵都是一个开放的系统，每天都在接收着外界的信息。当外面的信息进入心灵以后，心灵就一点一滴地被改变了。

　　父母是孩子早期成长最重要的信息来源者，也是孩子心灵最重要的影响者。父母对待孩子的看法与态度，会极大地影响孩子看待自己的观点和态度。当父母认为孩子聪明、可爱和优秀的时候，孩子也会不知不觉地认为自己是聪明、可爱和优秀的；如果父母认为孩子是愚笨、讨厌和落后的，孩子也会产生类似的感觉。父母看待孩子的眼光，在无意识中塑造着孩子的自我形象，影响着孩子的心理和行为发展，可以说是无时无刻不在对孩子的成长进行着催眠暗示。最后，当孩子接受并认可了父母的暗示时，这种暗示就会变为孩子自己对自己的暗示。心理学家研究表明，一个人的自我暗示会决定一个人一生的发展方向和发展高度，很难有人能够逃脱。从某种程度上说，父母怎么看待孩子，最终在父母强大的暗示和影响之下，孩子就会成为一个什么样的人。

　　每个孩子都有成为任何人的潜质，所有的能力，包括倾听、说话、思考和每个动作，都是从无到有，在父母的诱导下逐渐发展起来的。大家知道，孩子刚出生时，是听不懂我们说的话的，但是我们把他当作能听懂的样子，反反复复地跟他说，慢慢地孩子就拥有了听的能力。其实孩子所有的优秀品质和能力刚开始时都是不存在的，但我们都事先把他当作拥有这种能力的样子去对待他，与他互动，最后，孩子的这些品质和能力才会被逐渐开发出来。可以说，正是父母的期待和信任，让孩子拥有发展出这些能力的自信和动力。有一句俗话："孩子往往会成为你眼中的那种人。"你用什么样的眼光去看待孩子，最终有一天，孩子就会成为什么样的人。

那么，在你的眼里，你的孩子是一个什么样的人呢？你是把他当成一个什么样的人去跟他交流呢？也许，孩子的某些言语和行为让你很生气，让你很不喜欢，但如果你一直用这种不喜欢的态度对待他，这对他的成长和变好是没有帮助的，反而会促使孩子自暴自弃。他会觉得，反正你都已经这样看他，那么他也就没什么好努力的了。所以，当遇到孩子的这种情况时，最好的态度是暂时忽略他的缺点，努力去发现他美好的一面，欣赏和肯定他，这样，优点才有可能被放大和巩固。作为父母，最重要的工作是"发现并信任孩子身上美好的一面，想方设法把这些美好的东西发掘出来"。每个人都是靠优点活着的，有了优点，缺点也就会慢慢消失不见。

父母要避免给孩子的未来下负面的结论。首先，这不是绝对的事实，人的一生都有持续改变和成长的可能与能力，不能根据孩子目前的行为表现，就给他的一生下最后的结论。其次，这是对孩子的一种攻击，是对孩子未来发展可能的否定，是一种非常不尊重和轻视的行为。再次，这种言论泄露了父母自身消极、悲观的人生态度，这种观念往往基于父母自身失败的经历体验，父母把自己过去所受的创伤和负面体验传递给孩子，让孩子继续生活在自己受伤的阴影之下。最后，这种结论会阻碍孩子寻找改变和努力的动力，直接把孩子推入绝望的深渊，给孩子贴上失败者的标签，这种标签会对孩子产生持续的负面暗示，导致孩子不知不觉地沿着这种人生发展轨迹前进。因此，这种结论是非常有毒的，会直接导致孩子心灵的瘫痪，瓦解孩子的斗志，让孩子的心灵处于无望的黑暗之中。

去除野草最好的办法是在地上种庄稼。一旦孩子正面的能力和行为被塑造出来，那么缺点也就会逐渐消失。在孩子成为你期望的人之前，你首先要把他当作这样的人来看待。如果你把孩子当成一个有智慧和有价值的人来看，你跟他说话的方式和态度就会改变，那么他们就可能被慢慢塑造成一个越来越有智慧和价值的人。

请记住，暗示具有一种强大的力量，很少有人能逃脱。每个人最终都会慢慢成为自己认为的那种人。

实践你希望在孩子身上看到的改变

印度的"圣雄"甘地说："你想改变什么，你就要成为什么。"这是唯一一条走向真理的道路，没有第二条路可走。

下面是一个关于甘地的故事。

有一天，一个妇人坐了很长时间的长途汽车，从远方赶来，带着她的孩子来拜见甘地，她想让甘地跟她的孩子说不要吃太多糖，因为孩子吃太多糖对身体不好，而且牙齿都坏掉了，又因为这个孩子非常崇拜甘地，所以妇人相信甘地跟孩子说不要吃糖的话，孩子一定会听。甘地了解情况后，对妇人说："你再过一个月带着孩子来见我吧。"妇人听了之后就带着孩子回去了。又过了一个月，妇人又带着孩子，坐了很长时间的汽车来见甘地，见到甘地后，对他说："我上个月来过，希望你能跟我孩子说，请他不要吃太多的糖，他很崇拜你，他一定会听你的话的。"甘地说："好的。"然后，转向孩子，跟孩子说："孩子，请不要吃太多的糖，这样对身体不好。"孩子答应说："好的。"然后就结束了。这时妇人非常不解，只是简单地说一句话，为什么上个月甘地不对孩子讲，却要在这个月才对孩子说这句话呢？她最后

鼓起勇气,问了甘地这个问题。甘地笑着回答说:"因
为上个月,我也吃了许多的糖。"

这个故事启示我们,只有我们自己做到的时候,我们对孩子
说的话才会有力量,才会真正进入孩子的心里,给孩子树立榜
样。孩子不是从我们讲的道理中,而是从我们自身的言行中学
会如何行动的。我们平时可能认为这些都是基因遗传,但实际
上大部分不是,而是孩子出生后在与父母的长期相处中学会的。
孩子的行为模式、说话方式、价值观、人生态度、情感模式都是向
父母学习的。若我们希望孩子成为什么样子,希望孩子身上发
生什么改变,我们应该自己先去实践,那么迟早孩子也会学会和
内化我们的行为。

再说,孩子的道德感和价值观是建立在认同的基础之上的,
有了认同才会自律。强迫服从往往只能导致表面的认同,而内
心会更加反抗,更不会自律,一旦外在的压力和约束消失,道德
也就马上会被抛弃。

因此,父母在帮助孩子养成良好的行为习惯时,重点是要让
孩子对父母产生认同感,一旦孩子认同你这个人,那么他就会认
同你的道德观、价值观和行为准则。如果孩子不认同父母,甚至
讨厌父母,那么孩子肯定不会主动认同父母的行为标准,即使孩
子在内心里认为这些行为标准是对的,也很有可能加以反对或
背道而驰。所以在父母自身获得孩子的欣赏和赞同之前,父母
想要通过讲道理、提要求的方式培养孩子的道德感是很难奏效
的。从孩子的角度看,父母表面上说的都对,但父母自身的言行
没有办法让孩子敬佩,那么从深层上讲,父母做的都错了。

　　父母想要改变什么，或者想要在孩子身上塑造什么，自己首先要改变什么和成为什么。通向有德行的生活方式只有一种，那就是自我实践。养育一个孩子长大成人是一项庞大的系统工程，要有几十年坚持不懈的努力。所有做过父母的人都知道，教育孩子是一件非常不容易的事情。然而，教育孩子是我们每个人人生中重要的一部分，当有一天我们把自己的孩子抚养成对社会无害的人时，我们的人生才可能算真正圆满。

　　我们要记住，真正重要的教育发生在家里，发生在日常生活的细节之中，父母才是孩子人生中最重要的老师。

权威需要被限制，经验需要被检验

　　父母拥有孩子所没有的许多权利。孩子生存所需的一切都来源于父母，孩子的生活时间、空间、行为都是由父母控制，因此，父母往往会成为孩子生活的主宰者，拥有很大的权威。

　　父母在养育孩子的过程中，一定的权威是需要的。父母需要负起孩子生命安全及健康成长的责任，引导孩子往正确的方向前进。但是，父母的权威最好是建立在爱与智慧的基础之上，而并非建立在权力与独断的基础之上。虽然我们相信每对父母在内心深处都是爱孩子的，但也不可否认，父母在很多时候，容易受生活、工作和社会的压迫，变得抑郁、焦虑、愤怒和受伤，而在这种情况下，父母爱的能力是有限的，父母的行为很容易受自己负面情绪的影响，因而可能会对孩子做出缺乏爱与智慧的行为。父母可能会觉得自己的行为是出于对孩子的爱，但实际上，当父母被负面情绪控制时，他的行为是没有爱的。在这种情况下，父母的权威会给孩子的生活与成长带来很大的压迫与伤害，父母会在不知不觉中把自己所受的伤害施加到孩子身上。父母对此要有一定的觉察和控制，否则，父母的权威就会成为自己宣泄内心负面情绪的帮凶，让自己做出违背初衷的行为。

　　另外，经验也会造成权威。每个人的生活在很大程度上都会依赖自己过去的经验，但经验不一定都是对的，经验总是属于过去,可能并不适合孩子及未来社会。父母往往会认为自己所知道和所懂得的生活才是最好的,因此,不顾一切想推销给孩子,让孩子去实践自己认为好的或者自己没有办法实现的生活。但是,父母忘记了孩子拥有选择自己人生的权利,而且孩子所要面对的未来社会是父母不能预料的。父母要学会经常检验和反思自己的经验,这对恰到好处地教育孩子是非常需要的,如果我们过分地依赖自己过去的经验,那么就不利于创新,不利于创造性地生活与工作,也可能会成为孩子人生发展的障碍。父母要将自己的经验限定在一定的范围之内,并始终保持一种试错和随时调整的态度,这样,父母的经验才能发挥它应有的价值和作用。父母不要把自己的经验变成一种绝对的权威和命令,否则,自己和孩子都无法继续往前走。

可以说,如果父母只照着自己的心灵模式养育孩子,那么父母就有了滥用自己的权威和经验的可能。父母教育孩子的最高目标是让孩子成为一个完整的人,成为他自己,允许孩子拥有跟父母不一样的人生。父母的经验只能作为参考与垫脚石,但不能成为孩子人生的唯一标准。

不要用僵化的标准去看待孩子

　　有一个旅人，在寻找一处美好的居住地。有一天，他来到一个村庄，遇到一位老人，他问："我想要找一个村民都善良、友好、淳朴的地方居住，请问你们村的人怎么样？"老人问："你以前居住的村庄里的村民怎么样？"旅人说："我以前居住的村庄里的村民都是些自私、邪恶、冷漠的人。"老人说："那我们村的人也一样，你还是去其他地方吧。"旅人听后失望地走了。过会儿又来了一个旅人，问了老人同样的问题，老人听到后又问："你以前住的村庄里的村民如何？"旅人回答说："我原来住的村庄里的村民都非常善良、友好和热情。"老人回答说："那我们村的村民也一样，欢迎你住到我们村里来。"

　　上面故事中的这位老人并非随便愚弄人，他具有很高的人生智慧，对人性有着深刻的理解与洞察。一个人用什么样的眼光看待他人和世界，他就会看到一个什么样的他人和世界。他人和世界具有多面性，我们所看到的往往是自己内心世界的投射。当我们带着固定的眼光和心态去看待世界和他人时，我们就会以这种态度去跟世界和他人相处，从而在无意中促使世界和他人用同样的方式对待我们自己，由此，相互之间就合谋创造出一种特定的关系模式和生活现实。

父母在养育孩子的过程中，也要避免以某种僵化的眼光和态度去对待生活和孩子，父母的这种特定的生活态度会激发孩子也用同样的态度去看待生活和自己，从而在不知不觉中影响孩子的人生道路和生活状态。

人生之路有很多种可能，成长的方式也有很多种，每个人都可以通过不同的道路去获得自己想要的幸福生活。但很多时候，我们只认同一种，并把它当成唯一的成功人生的标准强加给每个人，这其实是对生命多样性与自由意志的一种否定，并会伤害到许多寻求别样人生的人。在心理上，这样强加的标准化生活与成功模式，会使趋向不同生活方向的人产生压抑与分裂，让他们觉得自己被排除在主流社会之外，最终会导致其痛苦与仇恨。

养育孩子的过程中也普遍存在以上现象，父母会强迫孩子接受自己所认同的生活标准，认为这才是唯一的人生之路。但是，当我们按某种标准和度量来看待孩子时，我们就无法真正看到孩子，无法真正去认识和了解真实的孩子。我们看到的只是标准和度量，当孩子符合这种标准和度量时，我们就为他感到高兴；当孩子没有达到这标准和度量时，我们就感到失望和生气。我们失去了跟真实的孩子直接连接的能力，我们只是通过外在的标准去跟孩子建立关系。

我们这种看待孩子的方式，会限制孩子人性的健康发展，严重的会导致孩子人格发展的扭曲和脆弱，使孩子无法成为自己想成为的人，结果只是成为一个为了适应外在标准与社会而存在的人,孩子的人生围绕一个被迫接受的标准而建立,他只拥有一个虚假的自我,他的"真我"却没有机会形成。一个人只有在一定程度上按照自己的意愿生活,他才会感觉拥有自己,否则,他会觉得自己的生命只是一个"空壳",像一个摆设的"稻草人"。

我们需要用更加灵活而多变的角度去看待生命与养育孩子,只有这样,孩子的生命才能更加绚烂多姿,社会才能更加丰富多彩。

不要低估孩子的成长

　　孩子往往会长得比父母想象中快，如果父母低估了孩子在某一年龄段所能达到的发展水平，就可能会对孩子的能力、情感、价值观、发展的可能性等方面做出低于孩子现实的评价，那么孩子就会感到被轻视和不尊重。

　　当父母用小孩子的眼光和态度去看孩子的时候，孩子会觉得你在贬低他，认为你没有对他的成长水平和能力提升表示欣赏和认可。这是父母把以前对待孩子的心态投射到现在的孩子身上，孩子也会不知不觉地内摄父母的投射，表现出"小屁孩"的样子来回应你，结果更让父母觉得孩子还没有长大，像以前一样幼稚。父母没有觉察自己对待孩子的态度是如何无意识地激发了孩子的幼稚行为，孩子也不知道自己的幼稚行为是吸收了父母的投射之后被动反应的结果。

　　父母要意识到，孩子在以一种速度成长，这种速度比父母自己所能意识到的更快。父母对孩子成长变化的认知往往会显得滞后，况且，父母往往会比较恋旧，会把当下的孩子看成记忆中可爱的孩子，对于孩子突然长大和改变缺乏足够的心理准备，相对来说，父母会更喜欢孩子更小、更可爱的样子，而不喜欢孩子突然长大了，独立了，有了独立的自我意识，不再依恋父母的样子，父母会感觉被孩子抛弃了，因此总是怀着一种对待更小的孩子的态度去跟孩子交流。但是,父母眼前的那个孩子每天都在成长和改变,他不愿成为父母眼中那个永远长不大的小屁孩,他想成为自己,希望父母能够看到并尊重他成长的权利和成为他自己的自由。

　　父母要充分尊重孩子发展和运用自己能力的愿望,并带着欣赏和肯定的态度看待孩子的成长水平,克制自己提建议的欲望,只有当孩子希望你给予指导时,他才会愿意接受你给他的建议,否则,他会认为你不相信他自己能够找到人生道路,认为你在看低他。

父母不要自认为很理解孩子

一方面，因为孩子总有很多方面是父母所不能理解的，如果父母总是持着一种自以为是的态度，就会错过真正深入理解孩子的机会。孩子每天都在成长变化，父母自认为很理解孩子反而会导致自己忽略了孩子每天心理的变化和成长。另一方面，如果父母自认为很理解孩子，孩子会认为这是对他的一种冒犯，因为孩子会觉得在你面前是赤裸裸的，一览无遗的，没有个人秘密和隐私可言，那么也就意味着自身没有什么与众不同之处。独立与成长总是意味着内心深处有一些父母和他人所不能理解的部分，是专属于孩子一个人的，如果一切都暴露在光天化日之下，孩子人格的独立性也就被消解了。况且，完全理解一个人是不可能的，父母的这种自以为洞察一切的自恋态度，就是对孩子的一种不理解和不尊重。

父母要保持一种好奇和谦逊的态度去对待自己的孩子，不要认为自己从小就看着孩子长大，对孩子的心理、情感、动机和行为都很了解。这些了解都是基于过去。我们要带着一种好奇和发现的眼光看待孩子，这样对孩子的成长和发展才具有激励和期待的作用，能鼓励孩子勇于超越过去，发展出新的思维和能力，成为一个新的自己。如果父母总是用一种老眼光看待孩子，那么孩子就会被父母的这种固定的眼光限制住，结果就会影响到孩子的发展潜力，并让孩子对你看待他的态度感到不满和愤怒。

父母不要总是挑孩子的"刺"

有一个人种了一丛玫瑰,玫瑰茁壮成长,他感到非常高兴和自豪。他经常给玫瑰浇水施肥,玫瑰也不负期望,长出了几个美丽的花蕾。这时,他发现玫瑰花枝长有许多的刺,他感到很烦恼和难过,他想要把刺拔掉,结果他的手被刺伤,他很生气。于是,他决定不再给玫瑰浇水施肥,过了不久,玫瑰就枯萎了。我们会说这个人的行为非常荒唐可笑,玫瑰的刺并不影响玫瑰的美丽绽放,如果我们因为它有刺而不去照顾它,那么它就被摧毁了。

父母养育孩子的过程就像是一个养花的过程,对孩子的成长充满美好的愿望与期待。但是,如果父母因为孩子有这样或者那样的缺点而放弃去浇灌孩子,那么孩子的成长过程就会中止,生命之花可能就会凋谢枯萎。对于父母,要允许自己的孩子有一些缺点和不足,并不因此而感到愤怒和伤心,还能继续坚持帮助和滋养孩子,那么孩子才能继续成长和绽放。

在生活中,我们经常可以看到许多父母公开地批评指责孩子,总是对孩子这个不满意,那个不满意。虽然孩子有错,但孩子犯的错误的严重性并不至于父母公开批评指责孩子。老是挑孩子"刺"的行为让父母更加有失风度和尊严。

父母为何总是喜欢挑孩子的"刺"呢?一方面可能是受错误的教育观念的影响,认为孩子只有接受批评并认错,才能学会正确的行为方式，才会进步；另一方面可能是受父母负性思维模式限制的结果。父母总会选择性地负面关注，关注孩子的负面行为，对孩子的负性行为很敏感，而对孩子的正性行为视而不见。这种选择性的负面关注最终会对孩子的负面行为进行强化，导致孩子的正面行为因为受不到关注而逐渐消退。

父母的挑刺行为会引发孩子采取各种防御措施进行抵抗，结果会导致亲子关系的疏远，让父母很难走进孩子的心灵。孩子不会觉得你在帮助他，反而会认为你是故意找碴，在针对他，因此，他会对你怀恨在心，不再跟你沟通与合作。反过来，他也会用这种挑"刺"的态度来对待你和身边所有的人，当孩子用这种态度对待你的时候，你就会发现自己很难忍受并暴跳如雷，那时你就会发现你是搬起石头砸自己的脚了。

另外，父母的挑"刺"行为，会使孩子的情绪变得糟糕，让孩子没有心情学习和做出好的行为，孩子的脾气会变得越来越暴躁，对什么事都缺乏耐心和兴趣，这样一来，孩子的身心健康成长都会变得很困难。同时，孩子总是被父母挑"刺"，孩子的自尊心、自信心会受到损害，会很难对自己的人生和未来产生信心与希望。

父母的挑"刺"行为有时就像是毒药，会一点一滴地麻醉孩子的神经，让孩子失去活力与快乐，孩子最终会变成为一个专门挑别人"刺"的有毒的怪物。每个孩子的心灵都是脆弱而敏感的，经不起太多的"刺"痛。他们的心灵或会"失血"过多而亡，或会变得铁石心肠以保护自己。不管是哪种结果，都是父母所不愿意看到的。

可以生气，但不要伤害

用合适的方式发怒也是对孩子表达爱的一种方式，让孩子知道父母对他很关心，很在乎他的行为，对他的不良行为感到失望和生气。同时也让孩子知道，有时发怒是可以接受的，它并不会影响爱，而是一种爱的表达。让孩子也学会在恰当的时候发怒，而不是逃避和掩盖自己的愤怒，或者从不敢对人发怒。

父母发怒，也会让孩子感觉父母跟自己是紧密连接的，但是，如果父母很生气却装作没事，这种压抑行为会导致父母跟孩子连接的断裂，让孩子感觉不到父母真实的存在。

父母发怒要就事论事，不要扩大，也不要借此攻击孩子的人品或者性格，因为这样的话会给孩子带来羞辱和伤害，让孩子无法接受你的愤怒，反而会激发孩子对你的愤怒，这样就会导致互相的憎恨和疏离，而没有办法让孩子领会你对他的关心和爱。

因此，父母要记住，我们可以表达自己的愤怒和不满，不必为此感到内疚和遗憾，但必须用一种不伤人的方式表达。否则，我们就可能借题发挥，以此宣泄我们对孩子的恨意，却误以为这是爱孩子的行为。"愤怒"背后是爱还是恨，孩子会敏锐地觉察到，父母自己要对之有一个清晰的洞察。建立在爱和关心基础上的愤怒是可以被孩子接受的，但是建立在恨和埋怨基础上的愤怒是会给孩子带来心灵伤害的。

　　如果父母懂得如何有效地教育孩子，帮助孩子走在正确的人生道路上，那么父母就不会为孩子的行为感到愤怒。父母的愤怒表面上是因为孩子的不良行为，但在深层次上是因为自己不知道如何有效地管教孩子，是对自己失望和心灵受挫的结果。

　　没有一对父母想要伤害孩子，但是，很多父母持续做出了伤害孩子的行为。不恰当的语言就像刀，会在孩子的心灵留下难以磨灭的伤痕。以后孩子每一次接触到这类话语，他的伤口都会再次被撕裂。父母可以用恰当的方式批评孩子，但不要让孩子感受到自己被贬低，不要让孩子为自己的行为感到羞耻。当父母真正有效地教育孩子时，父母的愤怒就会逐渐减少。

父母要比孩子更能坚持

孩子是很容易气馁、灰心和放弃的,父母要比孩子坚持得更久才行。如果父母都放弃了,你还期待孩子能够坚持吗?

坚持总是困难的,特别是遇到困难的时候,需要找到更多能量才能坚持下去,而父母是孩子坚持的重要能量来源。孩子做某件事情想要放弃的时候,往往也是最需要父母鼓励和支持的时候。孩子放弃的原因可能不是真的不想坚持,而是孩子自己的力量已经耗尽,却依然找不到方向或者克服不了困难,所以孩子才会想要放弃。这时候,如果父母一味地责备孩子为何不坚持而放弃,其实对孩子来说是没有帮助的,反而会使孩子对自己以及父母感到更加失望,会使孩子失去更多坚持的勇气与力量。因此,当孩子想要放弃的时候,父母要接纳和理解孩子的失望与沮丧,并继续鼓励孩子,坚持信任孩子,坚持向孩子传递能量,当孩子受到父母的支持与信任之后,孩子坚持的勇气与力量可能会重新生长出来,变得更加强大,从而继续坚持做想做的事情。如果父母比孩子更早放弃坚持,其实也就放弃了孩子,那么孩子自然更加无法坚持到底。

父母作为成人,应该拥有更强大的力量与勇气,在面临困难时能够坚持不懈,能够自我激励,而不是把责任和负面情绪都推给孩子,责备孩子没有恒心和毅力,要知道孩子的恒心与毅力是父母用自己的坚持与忍耐铸造出来的，没有一个孩子能够完全靠自己完成人生的发展任务。鼓励与支持孩子就是父母最重要的工作所在。

希望是照耀孩子前进的星光

有一个古希腊的神话故事。

　　普罗米修斯因同情人类的疾苦,从天上盗来了火种,传播给人类,让人类懂得使用火来煮东西,以避免瘟疫泛滥。宙斯发现后很生气,除了惩罚普罗米修斯之外,还要惩罚人类。最后众神商量惩罚人类的方式是创造了一个美女潘多拉,让她嫁给普罗米修斯在人间的弟弟埃库米修斯,并在潘多拉出嫁时,送给她一个盒子作为嫁妆,每个天神在盒子里都放了一件东西。智慧女神雅典娜了解了众神所放的东西后,为人类的命运感到非常担忧,因此也在盒子里放了一样东西。埃库米修斯曾警告过潘多拉,千万不要打开盒子,但潘多拉由于好奇心的驱使,有一天还是偷偷地打开了盒子,盒子里装着的战争、疾病、悲伤、痛苦、烦恼、嫉妒等邪恶的东西都飞了出来,潘多拉看到飞出来的东西,感到很害怕,赶紧把盒子给盖上,还有一样东西留在盒子里,那就是智慧女神雅典娜放进去的"希望"。

这个神话故事启示人们,尽管经历了战争、疾病等各种苦难，人类却能够存活下来，还能继续繁衍生息，发展进步，正是因为在我们人类的心底一直都存有"希望"这件东西，正是"希望"帮助我们挨过困难的时刻，等到新的转机。

希望是孩子成长的力量源泉。父母作为孩子生命中的"智慧女神"，也要在孩子的心灵之中放入"希望"这件神奇的宝物，这样，在孩子的人生当中，他不论遇到什么样的困难挫折、悲伤痛苦，只要他心底还有"希望"存在，他就能够渡过难关，重新站起来迎接新的生活。

季羡林老先生有这样一句话："我已经如此老了，但我的道路前方仍有百合花的影子，人生的前方要永远有希望，有温暖才行。"不管何时，不管孩子目前处于人生发展的什么阶段，父母都要传递给孩子希望——对人生、对未来、对世界、对人类的希望。同时，父母自己心里也要对生活、对人生和未来充满希望，这样，才有可能让"希望之光"照亮孩子的心灵，激励孩子不倦前行。

可爱比聪明更重要

  人更多是因为可爱而不是聪明而幸福的。可爱是一个人性情纯真、人格成熟、品格完善的标志。拥有什么样品质的人会让人感到可爱呢？常见的是：善良、真诚、体贴、温柔、热情、阳光、包容、关爱、正直、友好、善解人意等。当我们的孩子拥有这些让人觉得可爱的品质时，他的人生才会更加美丽和幸福。

  可爱的人会获得许多的朋友，可爱的人更能获得他人的帮助，可爱的人心情更好，可爱的人会更加自尊、自信、自足，他的人生会更加幸福。

  但是，我们会发现，在现实社会中，聪明的人比可爱的人更多。我们也看到很多孩子聪明反被聪明误，自以为是，目中无人。这会导致孩子的人生发展受到阻碍。

  导致这种情况出现的原因有很多，其中有一点可能就是我们的教育太注重培养孩子的智力，却忽视了培养孩子的情感和慈爱之心。而且我们自己的生活也过于严肃、焦虑和着急，缺乏淡定从容、天真烂漫、自然放松。我们告诉孩子要小心提防别人，不要跟陌生人说话，不要过于善良，害怕孩子会被别人伤害，却忘记培养孩子从小懂得尊重、理解、信任、体贴和关爱他人，成为一个给别人带来快乐的人。

  那么，如何让孩子变得可爱呢？这就要求父母自己变得可爱，成为一个善解人意、体贴慈爱的人。有幽默感，跟孩子在一起时，能够开开玩笑，创造一个轻松愉悦的家庭氛围。当我们自身是可爱的父母的时候，我们的孩子也就自然而然能够成为可爱的人。

不要用物质去诱惑孩子

　　有一个老人,独自住在乡下的一间房子里,想要享受乡下安静的生活。可是经常有一些小孩子在屋子周围追逐打闹,让老人无法安心休息,老人反复劝说依然没有奏效。老人想了一个办法,他对孩子们说:"你们当中谁的叫声越大,我就给谁越多的奖励。"于是,他每次根据孩子们叫声的大小给予不同的奖励。后来,老人逐渐减少了奖励,到最后一点奖励都不给了。孩子们很生气,觉得受到了不公平的待遇,认为现在"不给钱"了,谁还会去叫呢?于是为了报复老人,以后就不到老人的屋子周围吵闹了。

　　人的动机有两种:内部动机和外部动机。内部动机是指个体对从事的活动本身感兴趣而产生的动机,个体在活动过程之中获得的快乐与满足就是最好的奖励,会使个体的动机越来越强。外部动机是指个体对从事的活动之外的刺激感兴趣而激发的动机,他的动机不是由活动本身引起的,而是为了获得外在的刺激,一旦外在的刺激消失,个体从事活动的动机就会自动消失。在上面这个故事中,老人就是将孩子的内部动机——"为了快乐而叫喊"改变为外部动机——"为了获得奖励而叫喊",而老人操纵着外部奖励，从而操纵了孩子的行为。当老人把奖励撤销之后，孩子叫喊的动机也就随之消失了。

一个孩子如果能够从学习活动本身之中获得满足与快乐，那么他就拥有了促进学习的内部动机，他越学习，动机就越强，他就会成为自己学习的主人，而不需要父母和老师的督促。如果一个孩子是为了获得赞赏或奖励而学习，当赞赏与奖励没有达到预期的渴望时，他的学习意愿就会急速降低。

父母如果经常用物质奖励来诱发孩子学习，就可能给孩子一生的学习之路制造障碍。它可能会让孩子的学习动机由"内部"转为"外部"，一旦孩子形成这样的一种学习动机模式，那么孩子保持充足持续的学习动机就会变得不可能，孩子的内在学习动机和发展潜能就会被束缚住。因为随着孩子的成长，他的要求会越来越高，家长是无法每天都通过给予孩子物质奖励的方式去激励孩子学习的。这样做也会使孩子越来越依赖于从物质需求满足中获得快乐，而无法从学习活动本身之中获得快乐，从而使孩子的学习观、人生观和价值观产生扭曲。

物质奖励可能会给孩子带来暂时的满足与快乐，却无法给孩子带来持续的、深刻的满足与幸福。物质是生命生存的基础，但简单满足就可以了，生活不能太依赖于物质，否则物质就会成为约束孩子心灵成长与自由飞翔的枷锁。

在生活中，我们看到许多孩子拥有太多的金钱，因此花费这些金钱就占据了孩子很多的时间和注意力；或者孩子对金钱和物质有太大的渴望，导致心灵离开了正常的学习与成长的轨道，很多的精力与情感都被金钱控制，并因此产生了许多的烦恼与困惑；或者孩子因物质需求太多而跟父母产生矛盾冲突，导致亲子关系被破坏。这些都会成为阻碍孩子安心学习与健康成长的挡路石。

金钱与物质对人的心灵具有巨大的影响力,它就像一只老虎,当你诱惑孩子走向它时,如果孩子还没有能力驾驭它,那么孩子就可能处于被它吃掉的危险之中。

让孩子把想说的话说完

从 1924 年到 1932 年，美国哈佛大学心理学教授乔治·埃尔顿·梅奥（George Elton Mayo）在芝加哥郊外的霍桑电器工厂进行一系列的实验，目的是研究影响生产效率的因素。结果发现物质待遇的提升并不能真正有效地提升生产的业绩，而真正提升员工工作积极性的是"访谈实验"。因为工人长期以来对工厂的各种管理制度存在许多不满，无处发泄，而"访谈实验"刚好给工人提供了一个宣泄的机会，当工人的负面情绪得到表达，心情愉快，工作积极性也就提升了。实验结果表明：他人的关注和尊重，是促进生产积极性提升的最大因素。

父母经常会抱怨孩子的学习积极性不高，闷闷不乐，整天发牢骚，造成这种情况的可能原因是孩子的心事没有地方诉说，没有人有时间专门认真地听孩子说话。如果有人能够倾听，让孩子把自己心中想说的话都说出来，烦恼都倾倒出来，那么孩子的心就能恢复平静，积极情绪和学习动力就会自然萌生。

因此，父母如果想要激发孩子的学习与成长动力，就要有时间和耐心认真倾听孩子，不管孩子说出的话多么幼稚、愚蠢、黑暗、扭曲，父母都要尽力去接纳与理解，如此才能帮助孩子把这些给孩子心灵带来混乱与负能量的东西宣泄出来，否则这些负面的想法、态度、事件和情绪就会在暗中腐蚀孩子的心灵，让孩子没有正面的情绪与能量去学习。

所以，当孩子向你诉说时，不要总是否定、拒绝、抵抗、解释，或者让孩子不要说，让孩子赶快抓紧时间学习。要知道，孩子的话没有说完，他的情绪没获得认同，他是很难有心理空间和平静心态去学习思考的。表面上孩子开始学习，但是实际上他的心灵是被占据和压抑的，因此学习的注意力就无法集中，学习效果自然也不好。与其让孩子在烦恼与郁闷中浪费时间，父母还不如干脆给孩子一些时间和机会，让孩子把话都说完，把负面情绪都倒尽，这样，孩子的专注力和学习能量自然就会回来。

父母的倾听与理解是帮助孩子心灵成长最有效的方法之一，是协助孩子恢复心理平衡与宁静的良药。让孩子说出任何他想说的话，其心态和行为就会变得积极阳光。

不要让"期待"变成"伤害"

　　父母对孩子应该是要有所期待的，这是对孩子成长和发展潜能的信任。父母对孩子的合理期待，会对孩子起到肯定和激励的作用。但是，如果父母对孩子有过高的期待，那么这些期待有可能会变成孩子成长的心理包袱。

　　在养育孩子的过程中，父母需要为孩子的成长付出很多的时间、精力、情感和代价，当孩子没有达到父母预期的目标时，或者打听到孩子不如同事与朋友的孩子时，父母往往会对自己的孩子失去信任和耐心，开始指责和憎恨孩子。虽然父母不会承认自己恨孩子，但是父母要觉察，自己对孩子大发脾气就是对孩子的攻击和恨的表达（尽管是源于对孩子的爱）——这时孩子感受到的就是恨，而不是爱，这种"恨"会毁了孩子的自信心、自尊心和幸福感，会让孩子变得烦躁不安，失去前进的动力，同时也会导致亲子之间的冲突和疏远。

　　父母要理解孩子的成长是一个循序渐进的过程，要以一种长远的、发展的眼光看待孩子，而不能只看眼下的结果。如果父母太在乎孩子当下的发展成就，那么当看到孩子目前的发展没有达到自己的期待水平时，就很容易对孩子的成长感到灰心丧气，并心生埋怨。这样一来，孩子一方面对自己会很失望，另一方面也会对父母的不信任感到生气。每个孩子的内心深处都是非常渴望能够得到父母的欣赏和认可的,如果孩子的这种需求没有得到满足,孩子就容易变得气馁和失去活力,结果就是对什么事情都不感兴趣,孩子的情况可能就会越来越糟糕。

心理学上有一个著名的"期待效应"(又称"罗森塔尔效应")实验,证明教师对学生的正向期待会提升孩子的智商、学习动力和学业成绩。但要使"期待"产生有益的影响,这种"期待"必须建立在信任和鼓励的基础之上,否则,"期待"就会变成变相的"贬低"。父母对孩子的"期待"背后隐藏着两种完全不同的言外之意:一种是"你行的",即使孩子当下还没有很强的能力,但是父母相信孩子将来肯定会发展出这些能力,父母的这种信任和信念会对孩子的心理产生积极暗示,给孩子的成长输入强大的成长动力;另一种是"你不行",父母会带着不信任和否定的态度跟孩子讲话,期待孩子尽快改变。这两种完全不同的"期待"态度会对孩子的心理产生完全不同的暗示与影响,结果就会产生完全不同的"期待效应":父母认为孩子"行",孩子真的变得越来越"行";父母认为孩子"不行",他果然也变得越来越"不行"。有些父母内心深处对孩子的成长和发展有一个很完美的期待,因此会对孩子当下的发展水平及所取得的成绩感到很不满意,会嫌弃和批评孩子不够努力和优秀。这样,这种"高期待"的结果就变成了"高伤害",反而成为孩子挫败感的持续来源。

有些父母对孩子的成长有着盲目的自信,或者只有目标却没有时间和能力贯彻执行;或者只把孩子推给学校和培训机构,想当然地认为自己已经给孩子付了学费,孩子变得优秀是必须的,在某种程度上父母并没有完全承担起教育孩子的责任。父母要随时了解和掌握孩子在学习和成长过程中的具体情况,对孩子身上存在的困难和障碍要及时了解，并能采用恰当的方法和策略移除孩子成长的挡路石，这样，孩子才不会被某些困难和障碍所阻挡。如果父母无法把自己对孩子的期待转化为能够真正帮助孩子实现期待的方法和行动，那么，这种目标和期待最终就会变成对孩子施加压力和发起攻击的武器。父母很少责怪自己教育孩子的方法和策略不对，自己对孩子的投入不够，而是责怪孩子没有配合和不够努力。

　　父母要用"期待"为孩子的人生发展确定前进的目标与方向，指引孩子奔向高处，给孩子的成长注入信心与活力，激励孩子即使身处低谷，也不要忘记仰望天上的星光。如果父母用理想中的完美"期待"标准来贬低孩子的现在，让孩子觉得自己很糟糕、很无能，那么孩子也就没有足够的能量到达"期待"中的美好未来。

教育是设计好的放纵

当一个人快要淹死的时候，不该给他上游泳课，或者责备他为何平时不学游泳，这时候最需要做的事情是帮助他上岸，免得他淹死，等到合适的时候再教他游泳。

教育孩子非常讲究教育的时机，特别是要考虑到孩子的情绪状态。我们教育孩子的最终目标是希望他能成为一个有责任感的人，以后走上社会能独当一面，能独立生存，能为自己的人生负起责任，做自己该做的事情，并在承担责任的过程中体验人生的价值和幸福。

我们拼命地传授给孩子知识，但其实孩子内在的心智能力比外在的知识更加重要。我们希望孩子成人之后凭借什么样的心智和能力去处理问题，去面对自己人生的困难和挫折，我们现在就应该培养他的这些心智和能力。心理的成长才意味着人真正的成长，但成长从来就不是一件简单的事情，如果缺乏现实体验的磨炼，知识就很难转化为个体内在的能力。

帮助孩子的人格与心理成长要有所规划和设计，必须非常巧妙地进行。教育的艺术在于"设计好的放纵"，"设计"什么，怎么"设计"，"放纵"什么，怎么"放纵"，内容、分寸因人而异。父母要根据自己孩子的特性和发展阶段，认真仔细地思考和计划。

以前看到一篇文章，介绍一家动物园为了防止天鹅长大后飞走，就尽量地缩小天鹅成长的水域空间，因为天鹅在练习展翅高飞的时候，需要一片足够宽广的水面供它们滑翔，如果水面太狭小，那么天鹅就没有办法练习飞翔的本领，长大之后就自然无法实现拥抱蓝天的理想。久而久之，这群天鹅就会丧失对飞翔的渴望与信念，认为自己生来就不会飞，甚至这群天鹅的后代的飞翔本性也会逐渐泯灭。这是一个令人悲伤的故事，丧失飞翔能力的天鹅还能叫作天鹅吗？也许只是一群普通的鹅罢了。

由此可以想到，父母在教育孩子时，如果给孩子提供的"水域空间"太狭小，使孩子没有机会练习"飞翔"的本领，等到孩子长大后，他自然也就没有可能"一飞冲天"，去实现翱翔蓝天的梦想。很多父母在教育孩子时往往带着内心的矛盾与冲突，一方面希望孩子听话，遵从自己的限制，不想放弃对孩子的控制；另一方面又渴望孩子拥有独立人格和自主个性，但是，他们忽略了自由的人格只有在自由的环境中才能养成。

所以，父母教育孩子既要有所"设计"，也要有所"放纵"，让孩子拥有一定自由的时间和空间，允许孩子有自主的思考，如此既不会使孩子因狭小的"设计"而失去纯真的本性，又不会因过分的"放纵"而失去了规范，从而在"设计"与"放纵"之间找到平衡。

保持一颗平常心去养育孩子

每个孩子都有巨大的发展潜能,但每个孩子的发展速度和学习方式都是不一样的。很多父母渴望养育出天才儿童,很难欣赏孩子正常的发展成就,认为孩子的发展成长速度不够快,责备孩子不够努力。造成以上这种现象的原因,一方面是父母对一个人的成长过程缺乏客观的理解,另一方面是父母总是拿新闻中、电视中所看到的最优秀的孩子作为评判标准,从而对自己孩子的成长产生不信任。

当然也有可能是父母把自己太多的自尊和自恋的需求投放在了养育孩子这件事情上,认为只有养育出成功的孩子,自己的人生才算成功,才有光彩。如此一来,养育孩子表面上是为了孩子,为了给孩子一个美好的未来,但是背后有着满足父母虚荣心的目的。虽然这也是合理的,它也可以成为积极养育孩子的动力来源之一,但是父母如果对此没有一个清晰的认识,往往会不知不觉被这种欲望所驱使。当孩子学习不够优秀时,父母就会感到自尊心受伤害,并会因此而责备孩子不给自己争气,丢了自己的面子,从而没有办法平静下来,耐心地分析孩子成长中存在的问题,同时也没有办法传递给孩子积极的能量和信心,最后导致孩子灰心丧气和自暴自弃。

孩子的成长需要来自父母与他人不断的鼓励与信任,失去这些，孩子很可能会累倒在前进的路上。

养育孩子是一个长期而辛苦的过程，非常考验父母的恒心、耐心、毅力和智慧，只有当父母保持一颗平常心，才能更加淡定从容地面对孩子成长过程中遇到的各种问题和困难。当孩子学业成绩不佳时，当孩子的行为出现偏差时，当孩子对自己的成长信心不足时，父母都要站在孩子的身边，和孩子一起承担，共同面对，协助孩子克服困难。如果父母对孩子的成长缺乏信心，而且感觉自己被伤害了，那么父母如何有能力去帮助孩子重塑自信，继续坚持下去呢？如果在孩子成长遇到困难时，父母还只顾自己的面子和心情，并且一味地责备孩子，那么孩子又如何从父母那里获得支持和继续前进的动力呢？

孩子的心智和能力都在发展的过程中，他们无法知道人生到底有多少可能性，也不知道自己的将来会是什么样子，没有一个孩子对自己的成长和能力是有十分的信心的。父母要有能力比孩子看得更高、更远，用自己的信心去滋养孩子的信心，用自己的坚持去推动孩子坚持，用自己对孩子的接纳和包容，让孩子学会对自己接纳和包容，这样，孩子才不会被暂时的困难和挫折打败，继续保持希望，奋力前行。

这就是每对父母所要做的工作，也是每对父母的职责所在，在失望中看到希望，在困难中看到转机，在等待中收获成长。如果父母急功近利、灰心丧气、脾气暴躁，就会干扰孩子正常的成长过程，使正常的挫折变成创伤，让普通的问题成为疾病。

伍

爱与觉知

爱

生命的本质就是爱。有爱,才会有快乐与幸福;有爱,人类才能繁衍与发展;有爱,世界才是一个令人留恋的地方。失去了爱,人与人之间就很难共存,世界将变成一片荒漠。拥有爱,就是拥有人生最高的智慧。

爱是生命能量的源泉。每个人都是在爱中成长,并在爱中收获的。对于每个孩子来说,爱是促进他身心成长的必需品。父母心中有爱,这是养育健康的孩子的必要基础。

爱孩子,就要爱整个世界

真正的爱是广阔无边的。如果一个人只爱某个人或者某些有限的事物,那么引发这些爱的行为的动机就可能只是为了满足自己的需求。当这些人和物不能满足他的需求时,他很可能就不再去爱了。

父母要有无条件地爱孩子的能力,同时也要有爱整个世界的能力。父母如果缺乏对整个世界的爱,那么就很难给予孩子更加深刻的爱。孩子是世界的一部分,父母养育孩子就要帮助孩子进入世界之中,孩子需要产生对整个世界的爱,然后才能成为世界的一分子。如果父母没有办法爱整个世界,就很难引导孩子去爱整个世界。由此可见,父母只爱孩子而无法爱整个世界,可能会对孩子的成长造成一种限制,让孩子爱的能力无法得到充分的发展。

通过爱,人与人、人与世界才能建立和谐的关系;缺乏爱,人与人、人与世界就无法真正地连接,人就会感到孤独和寂寞。父母只有爱整个世界,其生命才能跟整个世界联系在一起,进而孩子才可能通过父母这个窗口,跟整个世界建立起联系。如果父母跟世界是隔离的,那么就无法把孩子介绍给世界,也无法把世界介绍给孩子。父母是孩子走向宽广世界的领路人,而爱是通向美丽世界唯一的门票。

爱孩子,也要有能力承受孩子的"恨"

孩子对父母有着许多"爱"的渴望,当父母不能完全满足他的时候,孩子就会因"爱"生"恨",这是最正常、最普遍的事情。父母既要有爱孩子的能力,也要有承受孩子"恨"的能力。英国儿科医生温尼科特说:"如果母亲能够在孩子恨的攻击之下存活下来,那么母亲就拥有了帮助孩子的人格变得强大的能力。"当在孩子"恨"的攻击下还能存活时,父母便给孩子做出了榜样,让孩子感受到父母人格的强大,使孩子也慢慢地拥有承受他人之恨的能力。孩子的心理在受到他人"恨"的攻击之下还能存活,意味着孩子的人格正在变得更加成熟和强大。

爱是我们生活的目标,也是我们人生的希望所在。我们要通过"爱"来培养"爱",也要通过"爱"来化解"恨",一旦我们培养出充满爱心的孩子,那么我们既为孩子的幸福人生奠定了基础,也为创造一个更美好的世界做出了贡献。我们相信,只有爱,才能使世界变得更加美好。

爱孩子，首先要尊重孩子

爱孩子很容易，但要真正尊重孩子很难。父母往往很难把孩子当成一个拥有独立人格，有自尊心、有情感、有独特内心世界的人来对待。很多时候父母觉得孩子有什么感受不重要，重要的是自己的感受。孩子非常痛恨自己的感受一再被忽视。一个人的感受不受重视，他就会感到不被尊重，那么也就不会拥有被爱的感觉。

我们经常会为了成绩，为了某件东西，或者为了某件事情而责备孩子，在那个时刻，我们眼中所看重的不是孩子，而是其他的东西。我们会觉得那是关心孩子的成长，然后那个时刻我们对孩子是缺乏尊重的，我们往往是因为自己的担心和焦虑，或者是因为自己心爱的东西（物质的或者心理的）被损害而感到恼怒，那时我们对孩子是没有爱的，我们在那个瞬间其实关心的是自我的感受。当我们把太多的注意力和情感放在自己的感受上时，我们就无法感受到孩子的感受，我们也无法尊重孩子的感受。只有当我们放下自己的担心、焦虑、恐惧时，我们才有能力恢复对孩子尊重与爱的感受。在这种情况下，我们说话和做事的态度会完全不一样，孩子也能够感受到我们对他的爱。对孩子有爱的时候，不管我们说什么做什么都是合适的，而当爱离开的时候，不管我们说什么或做什么都是错误的。孩子反抗父母并不是反抗爱，恰恰相反，他们反抗的是父母缺乏爱的言行。

爱是以尊重孩子为前提的，没有尊重的时候，爱也就不存在了。

爱孩子，从爱孩子的爸爸/妈妈开始

父母不仅要爱孩子，还要爱自己的配偶。如果父母不能相爱，那么父母教育孩子的能量就会变弱，就会变得不快乐，对生活和养育孩子失去耐心，容易发脾气，会抱怨孩子是自己的累赘，无意中会把自己的不满和无奈发泄到孩子身上。当孩子无法得到父母充足的爱时，孩子的心灵也会日渐枯萎，各种心理和行为问题就会滋生蔓延。

在生活中，爸爸是妈妈的保护者和照顾者，只有当爸爸能够保护和照顾好妈妈，给妈妈幸福与快乐时，妈妈才有能力保护和照顾好孩子，给孩子温柔和慈爱。否则，妈妈会变得虚弱、烦躁不安、精力不够，最后不管妈妈想要多么努力地照顾孩子，都会把这种负面情绪间接地传递给孩子。反过来，妈妈对待爸爸也是如此，爸爸受到妈妈的爱与尊重，也才有可能成为孩子心中的英雄和榜样。当父母双方互相轻视对方时，父母已经失去了教育孩子的能力。

另外，父母之间爱的行为是让孩子学习爱的最好的教材。父母是如何表达爱和接受爱的，孩子耳濡目染，很容易学会。如果父母之间总是冷漠和敌视，那么孩子自然也学会了冷漠和敌视。

父母之间的爱越强烈，关系越亲密，教育孩子的力量就会越强大，孩子也就会越快乐，心态自然就会更加积极阳光。当父母相爱的时候，整个家庭是温暖和充满活力的，孩子的家庭生活是轻松的和快乐的。充满爱的家庭是孩子身心健康成长最好的环境，也是最不可或缺的环境。

爱孩子，要有合理的分寸与界限

有些父母很爱孩子，也知道爱对孩子成长的重要性，所以很担心孩子感受不到父母的爱，会过度地表达对孩子的爱。父母的整个生活都以孩子为中心，什么事都顺着孩子，结果让孩子认为父母爱他，为他所做的一切都是理所当然的，这样反而让孩子变得不珍惜父母的爱，也不懂得感恩父母的爱。父母爱孩子当然是无条件的，然而，让孩子学会去爱父母，爱他人，懂得感恩自己所获得的爱也是非常重要的，否则，孩子就会成为一个只要别人爱他而自己没有能力爱别人的人，这对孩子的人生来说是一种很大的伤害。

另外，有些父母因为自己生活中缺乏被爱的体验，所以就非常渴望获得孩子的爱。由于太在乎孩子对自己的感情，父母就被获得孩子的爱的渴望所绑架，就容易失去为孩子设置合理界限和执行规则的能力。父母会非常害怕孩子对自己的拒绝和愤怒，为了讨好孩子，跟孩子保持爱的关系，父母会变得纵容孩子。父母虽然知道有些事情不能让步，但最后还是忍不住妥协，结果让孩子得寸进尺，一再突破底线，直到完全无法忍受孩子的行为。到那个时候，父母无法再忽略孩子的不良行为，已经意识到自己的纵容对孩子的成长所产生的伤害，但这时要继续向孩子表达爱会变得很困难。

《战国策》里《触龙说赵太后》一文中，触龙对赵太后说："父母之爱子，则为之计深远。"父母对孩子真正的爱应该是为孩子一生的幸福着想，有利于孩子健康成长，让孩子学会遵守必要的社会规则，成为一个拥有爱心和责任感的人。

爱孩子，意味着行动

在生活中，很多父母都宣称自己非常爱自己的孩子，但是，父母的言行态度体现不出他们是如何爱孩子的。有些人觉得自己很爱孩子，但其实是爱自己"爱孩子的感觉"。每对父母爱孩子的能力不同，有高有低，爱的能力也是长期积累与自我提升的结果。

缺乏爱的人遇到一个问题时，总是用拖延和逃避的方式去对待问题，结果让自己的时间和精力都被浪费掉，并让心理背上沉重的包袱，而拥有爱的人会积极地处理问题，解决问题的过程就是践行爱的过程。当我们真正去接纳、理解和处理问题时，问题也就不再是一个问题。当一个人拥有爱的时候，他就会变得勤奋和敏捷，而失去爱的时候，整个人生都停了下来。

养育孩子也是如此，当父母对孩子充满爱的时候，他们就会努力去行动，跟孩子玩耍，跟孩子沟通，带领孩子走进世界，做让孩子感到开心的事情，创造条件让孩子更加深入地体验生活，或者自己努力学习和工作成为孩子的人生榜样，等等。爱孩子，并不是一个只存在于头脑当中的想法，而是体现在父母的具体行动之中。如果父母在养育孩子上很懒惰，那么就意味着父母缺乏爱的能量，他们需要提升和激发自身爱的能力。

爱，意味着行动；如果没有行动，那么意味着爱并不存在。

爱是疗愈心灵伤痛最好的药，爱是促进孩子成长与幸福的能量源泉。父母养育孩子时出现的很多失误，往往是缺乏爱的缘故。爱是不会错的，懂得爱，就懂得了如何正确地教育孩子。

　　父母需要与世界建立更加广泛的爱的联系，能够去爱自己、爱他人、爱自然万物、爱整个世界，同时也能够感受到自己被整个世界广泛地爱着，这样，父母才会拥有更强大的爱的能力，才能够给予孩子更多的爱。如此，父母就能与孩子保持稳定的爱的关系，并教会孩子一生中最重要的"爱的艺术"。

觉知

1

面对这个世界，我们每个人都是渴望爱、认可、接纳与欣赏的孩子。

2

尊重孩子的情感体验，孩子才会觉得你在尊重他。

3

当孩子的情绪变得平静时，他的思维才可以变得清晰，他的行为才会合乎理性。

4

当心里充满着对孩子的爱的时候，简单粗暴的教育方式就不再需要。有些父母会觉得自己批评和责备孩子是源于爱，是对孩子负责任的表现——但这很可能只是一种自我安慰的谎言。它不是爱，是披着爱的外衣的恨。爱与恨虽然紧紧相随，恨可能是因爱不得而生，但恨就是恨，不是爱，爱与恨是不能同时存在的。

5

孩子心情好不好，开不开心，能不能充满朝气地成长，这不是孩子能独立决定的事情。父母开心，家里氛围和谐，孩子的情绪才会好。父母之间互相关心和理解，让对方开心和快乐，这是养育出积极、乐观、快乐、充满正能量的孩子的情感基础。

6

父母与孩子的情感联结，是教育孩子的必要条件，它伴随着孩子的整个成长过程。什么时候情感联结断裂了，孩子的成长也就会停滞不前。

7

情感体验是人格成熟与人性发展的核心，孩子在成长过程中拥有一种什么样的情感体验，会决定孩子形成什么样的性格及人格特质。因此，提供给孩子高质量的情感体验经历，是父母养育孩子的核心工作。

8

父母要有能力读懂孩子行为背后的情绪，当孩子哭泣或者烦躁不安时，我们要试着去理解孩子如此表现的原因所在——孤单、愤怒、羞愧、失望、沮丧、挫败、担心、恐惧等，了解到底是什么事件引发了孩子这样的感受，理解了才有可能提供帮助。

父母要与孩子一起面对人生中的困难时刻，提升孩子面对和处理负面事件与情绪的能力。

9

悲伤情绪对孩子的成长具有重要的意义。首先，悲伤是一种正常且普遍的情绪，父母帮助孩子处理负面的事件，使悲伤情绪能够通过哀伤过程排出体外；其次，悲伤的体验有助于孩子更加敏感地体会人生的快乐；再次，为了缓解悲伤，获得人生的快乐，孩子需要努力发展自我，由此会给孩子带来强大的成长和发展的动力。因此，我们不要主动阻遏孩子的悲伤，也不要急于安慰孩子，把孩子从悲伤中带出来，而是要理解孩子的悲伤，陪伴孩子一起体验悲伤，面对悲伤，从而帮助孩子从悲伤中振作起来，获得心灵成长。

10

孩子关心父母的感受和情绪是孩子成长过程中的一大飞

跃。但如果孩子觉得自己应该为父母的幸福负责任,那么对孩子来说,这将是一个沉重的负担。父母要帮助孩子学会感受和体谅父母的情感,但同时也要明确告诉孩子,每个人要为自己的情绪负责,而不是渴望依赖别人让自己幸福。

11

内心怀有深深内疚感的父母,会经常苛刻地指责孩子做错了事情,以此来减轻自己的压力与焦虑,让孩子感到一切麻烦都是他引起的。这样教育出来的孩子要么表现出强烈的对立性和攻击性,力图证明自己的清白,要么陷入很深的抑郁状态中。

12

爱孩子是父母的天性,但有些时候,这种爱被加上了不同程度的实用化、功利化因素,使父母对孩子的爱打了折。结果,孩子往往只能感受到父母外在强烈的要求,却无法感受到父母内在深沉的爱。

13

父母能给予孩子最重要的,就是被爱的感觉,以及在家里很安全的感觉。无论世道怎样变幻,家里的事情都不会任意变化、反复无常。

14

父母如果想要让孩子摆脱愤怒,就要有耐心地理解和承接孩子的悲伤与失望,因为愤怒产生的根源是心里受伤的感觉。

15

两种缓解儿童心灵痛苦的方式:一种是把情绪和不安向外释放,表现为问题行为,常常是极度的焦躁不安、过度活跃、挑衅或者行为涣散;另一种是对情绪进行躯体化,从而把痛苦指向内心,痛苦内化通常表现为抑郁、焦虑和恐惧,随着时间的推移,这些情绪会破坏儿童的人格发展,导致安全感、胜任感的缺乏以及强迫行为和强迫观念,有时甚至是补偿性的夸大或者自负。这两种缓解痛苦的方式大都是在无意识层面上发生的,孩子自己是无法觉察到的。父母要通过观察孩子身体和行为上所呈现的症状,及时采取措施帮助孩子缓解痛苦,否则,孩子经历痛苦的时间越长,孩子的身心受到的伤害就会越大。

16

父母要主动把孩子带入互动交流中,主动进入孩子的情感生活里,同时也让孩子进入自己的情感生活中,努力成为孩子情感生活中的一块坚定的基石,不让孩子被狂暴的情感冲突所卷走。

17

倾听孩子的压力与负面情绪需要极大的耐心与能量,当父母自己的工作、生活压力很大,心里充满烦心事时,根本没有足够的空间去容纳孩子想要表达的东西。父母往往会认为这是孩子的问题,是孩子要求太多,是孩子的错误给自己带来了麻烦与负担。但父母要意识到,容纳与化解孩子的压力与负面情绪是自己为人父母的主要职责之一。当父母保护了自己倾听孩子的空间时,真正的诉说与倾听、理解与转化就会发生。

18

因为感到世界充满恐惧,或者害怕自己拥有得不够多,或者害怕丧失自己所拥有的,人们疯狂地占有或者粗鲁地侵犯,用暴力来控制他人以及这个不确定的世界。然而,这种模式是最需要改变的,否则自己和身边的人一生都不得安宁。

19

孩子既需要情绪释放,也需要情感滋养,因此,父母既要成为孩子负面情绪的宣泄口,又要成为孩子情感补给的源头,以帮助孩子的情感发展达到一种平衡状态。

20

爱和规则两者都不可缺少。爱为孩子成长注入动力,规则保证孩子往正确的方向发展。爱是执行规则的基础,合理的规则是爱的体现。

21

情感是促进知识传递的动力因素。当亲子关系中的情感处于误解和隔离状态,知识传递的通道也就被阻断了。

22

允许孩子有自己的情绪,允许孩子有不快乐的权利,允许生活不完美,不强迫孩子为了父母装作很幸福。生活中的各种情感体验都是正常的,各种情绪都有它们的意义和价值,如果父母要求孩子表现得幸福,那么不知不觉中就会导致孩子压抑其他自然情绪的表达,这会使孩子的情绪调节产生混乱,同时会导致孩子内在的冲突和不一致。

强迫孩子幸福,会让孩子变得不幸福。如果父母只接纳幸福的孩子,就意味着当孩子不开心、愤怒或者情绪低落时,他们会遭到父母的拒绝和责备。接纳孩子,就要学会接纳孩子的负面情绪和不足,否则,孩子会感觉到被拒绝和被贬低。

23

真正有力量的人是很温和的,他不需要拼命地压制别人,也不需要反复地强调自己,他会去鼓励、支持和欣赏别人,这正是孩子需要父母拥有的强大和镇定。

24

花时间全神贯注地与孩子相处,给孩子备受重视的感觉。如果没有给孩子足够的关注,那么孩子如何才能体会到父母的爱呢?爱的感觉要在体验之中慢慢加强,如果孩子长期缺少爱的体验,那么被爱的感觉就会逐渐变淡。

25

有时候,我们把孩子当成客人来对待,态度可能会更加合适一些。

首先,我们要理解,我们和孩子都只是这个世界的过客。其次,最终有一天,孩子都会离开我们,只会偶尔到我们家来做客,父母也只是陪伴孩子走一程,最后的人生道路都要靠孩子自己去走。最后,当我们把孩子当成客人一样来对待,我们会变得心平气和,会比较容易保持适当的人际距离,不会给孩子太大的压力,也不会把孩子当成自己的私有财产,或者轻易地侵入孩子的个人生活空间。很多父母对待客人时,是一个文质彬彬、举止优雅的文明人；而对待自己的孩子时，就变成了简单粗暴的野蛮人。

26

无条件的爱，是培养孩子的自信心和安全感，以及提升孩子自我价值感的最好的方法。

27

父母也要学会爱自己、接纳自己和包容自己。当自己犯了错误的时候，要同情自己——并且从错误中学习，继续爱自己、爱生活。有了爱的态度，事情往往就会好转起来，自己才有力量继续教育孩子。

28

教给孩子自律、负责、合作以及解决问题的技能，是帮助他们成为优秀的人的基础。这些能力与素养主要是在日常的家庭生活中培养起来的。如果孩子在家庭生活中没有机会养成这些优秀的品质，那么他们在学校的学习生活将受到影响和限制。

29

情感教育要先于知识教育,孩子有了好的情感,才能学好知识。情感是地下看不见的树根,而知识则是树上的花朵。没有来自树根的滋养,树无法开出美丽的花朵。

30

如果我们没有真正和孩子产生共情,无论我们说什么,在孩子眼里都是虚伪的,他们会认为都是我们想操控他们。只有我们真正与孩子产生共情,才会打动孩子的心灵。

31

父母拥有爱,才能对孩子做到慈悲;真正懂得错误的不可避免,才能学会宽容。

32

父母对孩子的不满,是对自己人生不满的投射。当父母对自己的生活感到满意时,他们也会对孩子感到满意。

33

当父母生活的脚步太匆忙时，就没有足够的耐心等待孩子慢慢成长。

34

孩子的孤独不是因为缺乏人的陪伴，而是因为心灵缺乏爱。如果他能感受到父母、他人和世界对他的爱，或者他心里充满着对父母、他人和世界的爱，那么他就不会感到孤独。想要缓解孩子的孤独感，重要的是培养孩子的爱心。

35

爱是世界最大的真实，如果一个孩子感受不到爱，那么他就生活在一个被遮蔽的黑暗世界之中；他的心也就死了，他也就不会去爱任何人，包括自己。

36

个体心灵成长的第一步是"自我"的诞生与成熟，当"自我"变得独立完善之后，下一个发展目标便是超越和放下"自我"。如果一个人的"自我"没有形成，那么他的人格内部就是空的，也就没有什么可以超越和放下了。

一个人如果连"自我"都没有形成，就说要超越与放下"自我"，达到"无我"之境，那很可能是种倒退行为，退行至早期"自我"还没有诞生的混沌阶段。那时，他不会体验到一种自由的、清晰的和融入自然万物的感觉，而是一种混乱的、迷惘的和空虚的感觉。从"没有自我"到"独立自我"再到"无我之境"，成长的每一个阶段都是很艰难的，也都是无法省略的。

37

当孩子的身心出现问题时，他的身心能量就会被耗损掉。只有身心健康，一个人才会有充足的精力与能量去过一种充实而完整的生活。

38

不管社会现状如何，一个温暖的家都可以诞生一颗温暖的心。父母在生活中，不管遇到怎样的困难和挫折，都要努力保持一颗温暖而温柔的心，营造一种温馨的家庭氛围。如果父母的心灵变得冷漠、消极、沮丧和失望，那么这个家庭就陷入了冰天雪地之中，到处都渗透出彻骨的寒意。

39

培养孩子感受美的能力。孩子越是能够感受身边社会、自然之美，孩子的内心世界越是丰富，心灵就越有深度和力量。

我们在现实生活中看到许多孩子缺乏活力,对什么都不感兴趣,态度非常消极,很可能是他们的心灵被生活中一些低能量的、丑陋的、狭隘的东西给困住了,没有办法看到整体世界与他人心灵的伟大之美。

40

一个人越是独立自主,他的生命就越自由。如果一个孩子无法成为独立的自己,那么他就只是一个人的碎片,只是外在环境的一个影子而已。他的心灵、思维和行为都受他人和社会的影响和控制,他很难感受到自己独立的存在,也无法自主地选择与思考,他会陷入一种巨大的空虚与恐惧之中,感觉自己的生命被一个无边的黑洞所吸引,且没有逃脱的希望。

41

父母要尊重和理解孩子的欲望,有欲望,才会有满足的快乐。欲望多的孩子要比一点欲望都没有的孩子成长动力更旺盛,获得满足后的幸福感也更强。激发孩子的欲望,适当地满足孩子的欲望,并引导孩子发展出更高级的欲望,是促进孩子潜能发展的有效途径。如果孩子处于一种“无欲无求”的状态,那么父母就很难推动孩子向前发展。

孩子许许多多欲望的产生都是自然而合乎人性的,但每种欲望也都有它存在的位置和层次,父母要深入理解每种欲望的本质,鼓励孩子追求更高级的欲望,而不要屈服于低级的欲望满足。孩子从追求低级欲望的满足到追求高级欲望的满足,就是一种成长的表现。父母可以通过合理途径限制孩子低级欲望的满足,激发孩子追求更高层次的欲望,从而促进孩子的成长,达到更高的人生境界。

42

身份认同是个人生活的根本,稳定的身份认同可以给予人内在的安全感、合理的自我认识,以及工作、爱和游戏的能力。但是固定的、僵化的和狭隘的身份认同又会限制人的自由发展,使人躲在某种身份后面,无法拥有完整而充实的生活。

43

如果父母的人格没有完善地发展,那么他们对自己就不会有十足的信心,对孩子的发展能力也就无法足够信任——这是父母自身缺乏自信心和安全感的表现,然后父母会把这种自卑感和不安全感以不信任和神经过敏的方式传递给孩子。

44

父母对孩子的爱需要在微观层面上具体化。父母通过一系列和孩子充满情感和创造力的微观互动行为,与孩子建立起一种积极、安全、稳定的亲子关系,促进孩子人格的健康发展,为孩子将来的独立和个体化做好准备。

45

童年的创伤，就像是暂时熄灭的火焰，当下次遇到伤害的火星时，又会死灰复燃，演变成我们无法预期的心理和行为症状。

46

孩子身体和心灵的成长都离不开养育者为之创造的促进性环境。如果环境有缺陷，孩子的成长将受到阻碍。促进性环境的核心要素是好的亲子关系与好的情感氛围。如果亲子关系受损或者情感冷漠，孩子的身心成长就可能会存在缺陷与不足。

47

每个孩子都有他特殊的弱点，父母要能够承受得住，并帮助孩子不被它打垮，这样，也许孩子面对特殊弱点而培养起来的能力，会成为孩子以后面对人生困难的强大力量。一个孩子的意志力与独特性就是在与自身特殊缺陷的搏斗中建立起来的。

48

压力会导致我们把心理的部分空间给关闭，因为我们觉得自己再也容纳不了更多外界的干扰与负面的信息，与此同时，我们与外界的连接和交流也被关闭了。

孩子更是如此。如果孩子在与父母的互动中感到压力，那么孩子也会自动地把心理空间关闭，父母说再多也无法再进入孩子的心灵，因为孩子的心灵已经无法承受更多的负面信息，孩子的思维能力和反思能力已经短路了。

49

当孩子的行为出现问题时，父母不要只关注这个问题表面上到底"是什么"，而是要关注问题背后的"为什么"。如果我们只是想给孩子的行为问题贴上一个标签，或者希望某个专家给开点药，让孩子吃下去就可以马上变好，那么很有可能是父母在逃避处理孩子问题行为的责任，给自己寻找安慰和缓解焦虑。而实际上，父母并没有认真思考孩子问题行为的根源所在，并没有承担起解决孩子问题的全部责任，并把责任推给了专家和孩子自己。

给孩子的心理问题和不良行为下一个诊断，或者只让孩子吃点药，会让孩子确信自己有病，进而产生药物依赖，同时也会让孩子不相信自己，也不相信自己的心理问题是可以凭自己的力量有所作为的。

父母是解决孩子问题的最好的药。如果父母不愿接纳孩子的问题，孩子也可能会同样逃避自己的问题，如此一来，父母可能就失去了帮助孩子解决问题的机会。

50

自己要有光，才能照亮孩子的心灵。当父母的内心积极阳光，充满温暖时，父母就像太阳一般，每天向孩子放射光芒，照亮孩子的心灵。如果父母生活在黑暗之中，又如何照亮孩子的人生呢？对于父母来说，自己先走进阳光里，塑造阳光的心态，铸就阳光的人格，让自己的心灵明亮起来，那么自然就能够照亮孩子的生活，并给孩子传递前进的能量。

51

父母需要提供给儿童一种爱的连续感。生活充满各种变化，如果父母对孩子的爱与关心是一直持续不变的，那么孩子就能够通过父母这根连续的线，把所有的变化串联起来，孩子的心灵就不会处于断裂与破碎的状态。

52

优秀的父母的一个重要能力是保持"足够敏感"，能敏锐洞察和满足孩子成长过程中不同时期的各种心理和情感需要。如果父母对孩子的心理需求很麻木，那么孩子的心灵也会日渐麻木，最终孩子就会不在乎父母和他人的心理需求，变得不体谅。

53

父母是孩子的镜子，孩子从父母的反应中看见自己。从父母看待孩子的眼神，说话的态度、语气和方式中，孩子能看到自己在父母心中的形象。于是，孩子就会在亲子互动体验中，逐渐形成自己是一个什么样的人的自我概念。

54

父母必须承认，世界是不完美的，人生是不完美的，孩子也是不完美的。如果父母希望一切都是完美的，父母就会要求孩子做其根本无法做到的事情，那么孩子就会变得无所适从，心理压力就会很大。父母养育孩子要懂得有所取舍，孩子的时间和能量是有限的。

55

父母要努力追求自己人生的意义，否则就会有自我意义迷失的痛苦。为了避免这种失落感，父母就会过分地强调自我的重要性和控制感，在教育孩子时就会不知不觉地突出自己，利用孩子来满足自己的意义需求。心理越是空虚，就越希望通过别人来满足自己；心理越是富足，就越能够给他人自由。

56

庸俗会孕育出卑贱的心灵。在小事情上斤斤计较,心灵就无法自由飞翔。正确的教育要鼓励孩子尊重他人与世界,而不是教育孩子只照顾个人的利益。如果父母缺乏一颗尊重他人的心,就无法帮助孩子拥有一颗高贵而完整的心灵。

57

好的亲子关系是孩子走向社会与他人建立良好关系的起点与基础。如果孩子跟父母的关系不安全、不稳定,孩子与他人建立关系的自信心就会受到打击,孩子就会缺乏与他人建立安全、稳定关系的技巧,孩子一生的人际关系能力也会因此受到影响。

58

父母与孩子的关系,塑造了孩子的人格核心。孩子人格的发展水平在很大程度上决定了孩子将来所能取得的成就和幸福水平。

59

亲子双方都不要成为对方内心世界的入侵者,而要成为一个陪伴者、支持者和欣赏者。没有一个人能够完全孤单地活着,也没有一个人能够在充满批评、指责的环境中长期生活。

60

理解孩子是一个永无止境的过程，父母对孩子理解得越多，关系就越亲近。

61

如果没有时间与空间聆听孩子，那么孩子生命的故事就可能永远留在自己心底，孩子不会跟父母提起，父母也就被关在了孩子的心门之外。

62

父母要营造一种氛围，创造出一种关系，让孩子跟父母的内在力量连接。父母自身的力量越强大，孩子就会变得越强大。

有些父母表面上看起来很强大，很有权威和权力，总是控制和压制他人，这其实是内在脆弱的表现，这种外强中干的行为最有可能伤害孩子，同时也无法给予孩子真正所需的力量。

63

只有在安全的关系中，孩子的思维才能变得更有弹性与开放，如果关系变得紧张与对抗，那么孩子的思维就会变得狭隘和有偏见。

64

良好的亲子关系是对孩子进行教育的前提。忽视了亲密关系，规矩就会软弱无力，甚至会导致反抗。

65

父母只限制孩子的不当行为是不够的，还要努力培养孩子正当的兴趣爱好，使孩子从中获得快乐与满足，否则，孩子的生命就会处于无聊与空虚之中，他们会在不正当的行为中寻找刺激，以缓解这种虚无所产生的痛苦。

66

当父母要培养孩子的某种技能时，父母要对孩子现有的学习能力以及学习新技能所需的时间做一个客观的评估，并且保证自己有足够的耐心和精力教育孩子。如果父母高估了孩子的能力，就会对孩子的学习进度感到不耐烦，这样不仅无法教会孩子，还会让孩子的自信心受挫，并逐渐丧失对自己学习能力的信任。

67

当父母尊重孩子的想法和愿望时，孩子也会尊重父母的想法和愿望。孩子与父母的行为，总是互相激发与决定的。

68

要培养孩子成为一个有智慧的人，最好的办法就是把他当成一个有智慧的人，像与智者谈话一样地去跟他谈话。

智慧会点燃智慧，而愚昧会导致愚昧。

69

不要对孩子的表面言行做出反应，而要对孩子言行背后的目的和情感做出反应。只有理解了孩子行为的目的和情感，才算是真正理解孩子，才能跟孩子进行有效的沟通，否则就会导致误解和冲突。

70

教育的智慧首先是接纳，然后是聆听，最后是行动。

71

当孩子的注意力水平提升了，孩子就能够从琐碎的外在走向内心的整合，学习效率自然而然就提升了。提升注意力水平的根本在于减少外界的干扰和诱惑，吸引孩子注意力的干扰因素消除了，孩子的注意力就会回来。因此，父母要帮助孩子提升注意力，关键在于了解孩子的注意力到底是被什么吸引和影响，如果能够创造条件减少外界对孩子心灵的侵入与干扰，那么孩子也就能专注学习了。

72

锻炼身体是开发孩子智力，培养孩子身体敏感性和内在智慧的重要方法，同时也是磨炼孩子意志力和忍耐力的重要途径。人的灵魂、智慧、幸福都建立在健康体魄的基础之上，如果身体变得脆弱或有疾病，人的灵魂就会受到折磨，智慧和幸福也会受到影响。因此，从小就要带领和训练孩子进行体育锻炼。如果父母不愿在这方面花费时间，那么孩子其他方面的发展最终都会受到阻碍。

73

孩子的身体、情感和理智三方要协调发展，任何一方成长受阻，都会影响到其他两方的提升。当然，其中任何一方获得发展，也都会促进其他两方的提升。最好的办法是促进三方的协调成长。

74

所有知识加起来也只是大自然和人类世界的一桶水，我们的学习不能只喝这桶里的水，而忘记了广阔的大自然和现实世界这个无尽的源泉。父母要引导孩子阅读社会、自然、世界这本大书。

75

高效能的父母知道自己要做什么,而不是让孩子做什么。

76

教育的目的、过程和方法都应该符合真、善、美的原则,不管违背了哪一方面,都会导致孩子心灵的缺陷。

77

万事万物都有它自身的规律,遵守这种规律就形成了纪律。纪律的目的不是使人服从和惩罚人,纪律的本质是学习,是为了让人们过上一种符合世界规律的生活。有了纪律,人们的生活才能有秩序,世界才不会陷入混乱之中。

当然并非所有的纪律都是好的,都是必须遵守的,也有一些错误的、扭曲的、独断的纪律,这种纪律本身就是违反深层规律的,我们不但不需要遵守,而且还要勇于反对它。

78

如果不让孩子为自己的行为承担后果,就会影响孩子责任心的培养。现实是培养孩子责任心的一位好老师,会给孩子书本和语言无法给予的教训。

79

每个人每天都需要三种食物：生理食物、情感食物和灵性食物。生理食物决定身体是否健康，情感食物决定情绪是否快乐，灵性食物决定灵魂是否高尚。吃什么，人就会处于一种什么样的状态。我们每天要反思一下，自己今天都吃了些什么，是不是有些东西让自己消化不良，如鲠在喉，不吐不快。如果是这种情况，就要让自己停下来，思考一下，把它处理掉，然后再继续前行，否则就会给自己的生活和工作带来麻烦，使自己的生命卡在某个位置上，动弹不得。

同样，我们在养育孩子时，需要反思每天提供给孩子以上三种食物的质量如何，质量越高，孩子吸收之后，自然就会成长得越好。

80

父母首先要把孩子看作一个独立的人，孩子才有可能成长为一个独立的人。如果父母把孩子看成一个有待驯化的怪物，那么孩子很可能就会变成怪物。如果父母认为孩子是脆弱的，需要随时照顾他，否则他就活不下去，那么孩子就会一直长不大，需要依赖父母的照顾才能活下去。父母对孩子的想法在无形中就会塑造出孩子的模样，孩子的行为表现是孩子与父母的潜意识合谋的结果。

81

为人父母不仅意味着要承担一种责任,而且要掌握一门精深的学问。为人父母的最低标准是,懂得如何才能不给孩子制造疾病。

82

教育在深层次上是一个激励的过程,激发孩子身上原有的动力,让孩子的生命力绽放。一对优秀的父母,懂得如何激励孩子,让孩子既奋力往前奔跑,又不会感到疲倦。父母过多地使用控制与压抑的手段,就会导致孩子的整个成长过程变得死气沉沉,缺乏活力与激情。控制虽然也是必须的,但是控制必须与激励并用,而且一定要记住,激励是比控制更加高效和根本的教育技巧,激励的比例和分量应该远远超过控制,否则就会收到相反的教育效果。

83

孩子只愿意从自己所信任与喜欢的人那里获得知识。如果父母无法获得孩子的信任与喜欢,孩子就会拒绝从父母那里学习任何知识,那么父母也就失去了向孩子传递人类生活所需的知识与技能的机会。

84

父母最好有时间跟孩子静静地坐在一起,充满爱意地注视着孩子。当爱的感情升起的时候,差异与隔离就会慢慢消除,取而代之的是互相的接纳与理解——这就是最重要的成长时刻。

85

父母跟孩子谈话,要努力做到真诚,如果父母把真实的自我隐藏在道理的后面,那么就很难打动孩子,也无法获得孩子的认可与合作,反而会导致孩子跟父母争辩,或者表面听,心里却根本不认可。

真诚是最好的沟通技巧。父母的真诚会激发孩子的真诚,父母的虚假也会诱发孩子的虚假。

86

说教不是教育。说教是用道理作武器对孩子进行人身攻击,它会导致亲子关系的破裂,产生怨恨和距离,而且不能让孩子接受父母所讲的道理。说教是父母在宣泄自己焦虑和愤怒的情绪。说教,意味着父母并不理解孩子问题产生的原因和根源,也不知道如何有效地帮助孩子成长。

87

给孩子零花钱，就要帮助孩子明白金钱的意义，锻炼孩子合理使用金钱的能力，让孩子自己承担一定的管理好自己生活的责任。金钱就像是权力，要尽量透明，要在父母的监督下公开使用。如果孩子在使用金钱上无法进行合理安排和控制，就会给孩子的未来人生带来麻烦。

父母有责任让孩子明白金钱的来源和意义，让孩子养成节俭的习惯。浪费金钱在某种程度上就是浪费时间和机会，最终会导致被金钱奴役。合理地使用金钱，最终是为了超越金钱对人的控制，实现人生的更大自由，能够做更多有意义、有价值和自己想做的事情。

88

如果父母一直替孩子做他能做并且应该自己做的事情，孩子的责任感就无法形成，孩子做事的能力也就提升不了。孩子只有在他自身的做与体验中，才能获得真正的成长。

89

父母多让孩子帮忙，是对孩子能力的信任，让孩子感觉自己有能力为家庭做出一些贡献，这是提升孩子的自尊心、自信心、归属感和价值感的有效途径，也是培养孩子将来学会照顾他人，为社会做出贡献的必要过程。如果孩子在小时候就不被需要，并且不会为他人奉献自己，那么长大之后他也不会懂得这样去做。

90

孩子的成长需要对环境的信任，孩子成长的过程也就是寻找对环境的信任的过程。在孩子成长的过程中，父母要努力创造一个能够让孩子信任的生活环境，让孩子对家庭、社会和世界产生最基本的信任。如果孩子对身边的环境产生了怀疑，孩子就生活在一个什么都无法确定的世界之中，孩子的身心就会处于危险与动荡不安之中，这会损害孩子最基本的幸福感和安全感。信任会带来更多的信任，而怀疑则会带来更多怀疑。怀疑很容易，信任却很难。培养孩子对环境和他人的信任，是孩子敢于融入社会，建立良好人际关系的基础，失去了最基本的信任，孩子的人生就寸步难行。

91

孩子拥有的良好习惯，会成为孩子一生的资本。它会不断地给孩子的人生增值，孩子一生都可以享用它的利息。

92

拥有自由选择的权利，孩子才能为自己负责。如果孩子丧失了自由选择的权利，他所做的事情完全是出于他人强迫与指令，那么孩子就学会了"应付"与"敷衍"。

93

　　养育孩子最重要的不在于父母跟孩子说了什么，而在于父母是什么样的人，跟孩子在一起时持着一种什么样的心境。

94

　　父母的心灵界限越坚实，他们内心的冲突和斗争就会越猛烈，对越过界限的行为就会进行越严格的防御。因此，父母就会在好与坏、是与非、善与恶、高级与低级、幸福与痛苦、成功与失败之间反复地比较区分，世界就被分成互相对立、完全不相融的两个部分。正因如此，孩子的处于父母界限之内的行为才会被接纳，而处于界限之外的行为会被严厉地拒绝与排斥。

　　其实，真实的世界是无法明确的，所有人和事都是两者相结合的统一整体，如果我们坚决地拥护一方而排斥另外一方，那么我们就无法做到接纳包容与和谐共存，我们的心灵就会被分裂和冲突所折磨，根本无法保持宁静与统一。我们越是渴望生，就会越害怕死；我们越是渴望成功，就会越害怕失败；我们越是渴望幸福，就会越无法忍受痛苦；我们越是看重什么，我们就越会被失去它的恐惧所俘虏。

95

概念、原则、经验、道德是基于过去，理想和目标是基于未来，如果父母的言行和情感都被它们所控制，那么父母就无法真正地体验孩子的当下。

96

当孩子的心灵感到空虚和无聊时，他就需要寻找许多东西来填充，他的生活就会被填充的欲望所占据。当孩子没有能力找到高级的东西来填充自己的心灵时，他就会临时找许多低级的东西来填补。如果找不到优秀的朋友，他就会找许多损友来代替。只有当孩子的心灵变得充实时，他才会变得平静、理性和自由，才会做出对自己生命有益的正确选择。

97

有自由才有幸福，如果孩子的心灵不自由，那么人生的幸福将会变得不可能。

父母要努力帮助孩子从有局限的、狭隘的、负面的想法与观念中走出来，否则，孩子的心灵可能一辈子都会被它们所控制。不要把向孩子灌输规则和戒律作为教育的主要内容。虽然它们都是必须的，有保护孩子人生安全，保证孩子不会误入歧途的作用，但是，教育的目的不是给孩子的心灵设定范围，而是要促进孩子心灵的自由绽放。

98

智慧的本质是爱。一个真正有智慧的人，既能感受世界对自己的爱，也拥有爱整个世界的能力。

缺乏爱的人，是没有办法领悟世界最高水平的智慧的。可以说，一个人拥有更广大的爱，就意味着他达到了更高的智慧水平。

99

教育要培养完整的人。

一个具有完善心灵的人，他的内心应该是装着全人类与整个世界的，他做事的出发点不会只是自己一个人或者是少数人的利益，他会更多地从有益于全人类的整体角度考虑问题，并把造福人类作为自己人生价值追求的制高点。

如果一个人不管做什么事情都只是从有利于自己的角度出发，那么他只是生活在自我之中，他把自己跟整体世界隔离开来，没有意识到自己的生命是属于整体世界的一部分，最终，他就会陷入孤单与寂寞之中。

100

要培养孩子敏锐的自我觉知能力，它能使孩子的内心变得精致和明晰。精致的心灵是非常敏感、细腻、温柔和温暖的，这些都需要父母首先用这种方式对待孩子,才能把它们传授给孩子。如果父母的态度、言语和行为都很简单粗暴,那么孩子的心灵也会变得简单粗暴。

101

美德建立在自由意志的基础之上。如果我们的教育方式只是采用控制的手段,却不允许孩子有一定的自由选择和为自己行为承担责任的机会,那么孩子的真正德行就无法形成。

102

不要把教育孩子的目标仅仅设置为帮助孩子将来能够生存,教育还要帮助孩子学会如何更好地生活,过上一个有意义、有价值的人生。仅为生存而学习会限制住孩子的生命发展潜能;会影响孩子的学习动力和兴趣;会让孩子停留在一个较低级、庸俗的人生目标上;会让孩子变得自私,一切行为都以金钱和物质为核心和出发点;会让孩子失去对世界和他人的爱;会导致孩子养成一种占有、竞争、强者生存的人生态度;会让孩子的心灵变得狭隘和不自由。

103

要培养孩子拥有一种平衡的生活态度,不要让孩子被某些方面的东西完全吸引住,从而失去了感受完整生活和广阔世界的能力。

104

教育孩子必须用心，因为他就是你的未来。如果你三心二意，或者遇到困难就放弃，没有尽到为人父母的责任，到老的时候你可能就会后悔。

105

教育的一个重要部分是帮助孩子面对世界的真相，了解和思考事实，感受当下。教育不要沉溺于对过去的盲目崇拜或者对将来的幻想之中。

父母也不要生活在自己的过去之中，或者把注意力都放在未来，这样会影响当下帮助孩子的能力。只有当父母能够直面人生，了解并接纳更加全面的真实情况时，父母才有能力帮助孩子去认识真实的情况，并有勇气接纳与面对真实的生活。

106

自私是造成我们生活的烦恼和痛苦的主要根源，千万不要为了保护孩子而教育孩子自私，这会让孩子与世界隔离开来，整天为个人的利益斤斤计较，不能自拔，从而无法享受到更广阔、更深刻的人生幸福。

107

如果父母能够意识到教育之美，能够深刻地体会到教育的巨大意义和价值，意识到通过正确的教育方法能够创造出一个优秀的人类成员，能给孩子带来更大的自由和幸福，能为世界的美丽和幸福做出一份贡献，那么父母也就拥有强大的动力去做好教育孩子的工作。父母要乐于承担这个伟大的责任。

108

只有通过正确的教育，才能使世界发生根本性的转变。

109

我们的思维模式和思想观念影响着我们的体验，即使某些想法只是假设和幻想，也会影响我们看待孩子的方式。我们自己的心灵模式决定我们会以一种什么样的方式去看待孩子，也决定了我们会看到一个什么样的结果。

110

家庭教育的目标是把孩子塑造成具有阳光的心态、健康的身心、均衡的智力、完善的人格的人，优秀成绩则是孩子身心全面健康发展的自然结果。

111

　　每个孩子生来就具有成长和发展的动力与成为优秀的人的潜质，但这并不意味着不需要教育。好的教育会释放和激发孩子的这种动力，帮助孩子实现他的天生潜质。如果没有教育或者教育不当，孩子的这种天生的动力就会被瓦解，潜质就会被浪费。

112

　　找到生活的意义，对于生命的成长是非常重要的。父母要努力理解孩子行为背后的意义，理解其所想要的生活意义，跟孩子一起创造生命的意义，并见证孩子觉得有意义的事情。当孩子感到自己的生活与行为有意义时，他的生命才变得充实，变得有价值，否则就会感到是在虚度光阴，感到生命的空虚与无聊，感觉失去了前行的动力与活力。

113

　　孩子只有感到安全时，才会把自己的心里话说出来。父母在与孩子的交往中，如果能够创造出一种安全的氛围，那么就可以为孩子提供帮助，给孩子创造一个轻松自由的表达空间，让孩子有机会诉说自己内心的故事，表达自己内心世界的欢乐与悲伤。当孩子能够清晰地表达自己的内心体验时，孩子也就对自己的生命有了更加清晰的认识，更易为自己的生命找到明确的方向。

114

父母是孩子精神世界的建筑师。父母要有意识地规划、设计与建设孩子的内在精神世界。父母既是设计师，又是主要的施工者。

115

也许很多孩子在很小的时候就偏离了成长的轨道，在以后人生道路上的种种经历只是一错再错而已，永远也回不到最初的偏离点。

一个孩子的心灵成长从出生的那一刻就开始了，并非从出生后的六个月、一年、两年才开始。父母要敏锐地意识到这一点，不要错过了塑造孩子心灵世界的最好机会。父母往往会等待，等到孩子听懂父母的话，会表达，认知水平达到一定程度才开始关注孩子的心灵生活或才开始教育孩子，那时候已经太迟了。

116

敏感是对身边万事万物有感觉，对他人的心情有感觉，对陌生人有感觉。当孩子处于敏感的状态时，他的心灵才会变得灵活而开放，而不是被阻碍和隔离。

唤醒孩子对世界万物的普遍关注，这种关注没有边界，不会被局限在某个领域之中。

117

知识和技术是生活的工具，它们是我们生存和生活必不可少的东西，但是它们并不是我们人生的最高目标。我们把知识和技术作为教育孩子的主要目标，就会导致孩子的心灵偏离正常的轨道。

118

只有理解生活的整体意义，才能弄清什么是正确的教育。

119

成长没有捷径。孩子需要经历和教训，需要全然地投入生活之中，心灵才能成熟。就如果实必须裸露于阳光和风雨之中，就如铁块必须放入熔炉冶炼。

我们总是渴望孩子能够在教室和书本中长大，那只是成人天真的幻想，没有领悟到心灵成熟的本质。孩子不可能只通过吸收他人的教训变得成熟，我们要让孩子自己承受生活的锤打。

120

　　培养孩子对一朵花、一棵树都会心动的敏感性,与培养孩子对文字和概念的理解力一样重要,或者可以说更加重要,它使孩子感受到世界真实的美丽,并与真实世界建立亲密的联系。